文芸研の授業シリーズ①

たぬきの糸車

著者：斎藤鉄也
編集：『文芸研の授業シリーズ』編集委員会

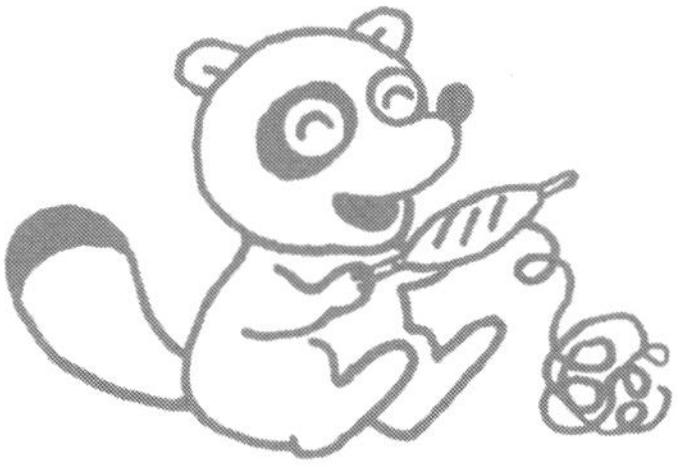

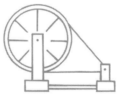

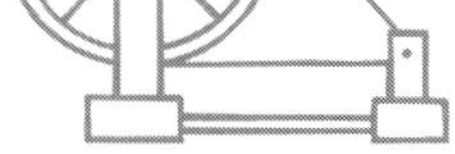

新読書社

はじめに　『文芸研の授業シリーズ』刊行にあたって

活動中心の授業が推奨されることが多くなり、発表会やペープサート、リーフレットや図鑑づくりを単元のゴールに設定した国語の授業が増えています。文芸教材や説明文教材を読むことが、別の目的（言語活動）のための「動機づけ」のように扱われることもあります。さらに、文章全体を大まかに把握して要約する力を問うような全国学力テストの出題が、その傾向に拍車をかけています。どのような活動を仕組むかということばかりに授業づくりの関心が向けば、教材研究は表層的なものになり、中身の薄い授業になってしまいます。活動の「楽しさ」ばかりが追求され、教材を読むことの「おもしろさ」が言語活動の背後に押しやられている現状に危惧を感じている先生方も多くいらっしゃるのではないでしょうか。

本書『文芸研の授業シリーズ』は、各巻の執筆を私ども文芸教育研究協議会（文芸研）の会員が担当し、一つの教材の何を、どう授業するか、すなわち教材分析・解釈と授業の実際をわかりやすくお示ししています。

一「教材をどう読むのか」では、教材の特質をふまえた詳細な分析を述べています。二「この教材でどんな力を育てるか」では、子どもたちにどのような「ものの見方・考え方」を育てるか、どのような「人間の真実」や「ものごとの本質」を認識させたいかという教師の「ねらい」を示しています。一と二により、この教材の何をこそ授業するのかということが明確になります。「教師の読み」が明確になり、豊かで深いものになれば、実際の授業における子どもたちの多様な読みを意味づけ、授業の流れの中に生かしていくことも可能となるのです。子どもたちの主体的で深い学びを実現するためには、まずは教師による深い教材研究が必要なのです。

また、三「この教材をどう授業するか」では、毎時間の授業構想と板書計画を紹介しています。見開きページに一時間分がまとめてありますので、授業に慣れていない若い先生方に参考にしていただけるものと思います。もちろん学級の実態によって授業の内容は変化していくものですから、四「授業の実際」の記録と見比べながら、ご自身の学級の子どもたちにとって価値のある授業を模索していただければ幸いです。

子どもたちに人間やものごとの本質を認識・表現する力を育てたいと願う先生、生きてはたらく「ものの見方・考え方」を身につけさせたいと願う先生、豊かな人間観・世界観を培いたいと願う先生、そして何より真に「なるほど」「おもしろい」と感じられる国語の授業を求める子どもたちのために、本書が少しでもお役に立てれば幸いです。

本シリーズの刊行にあたって、新読書社・伊集院郁夫氏には企画の段階から的確なアドバイスをいただいて参りました。記して感謝申し上げます。

二〇一六年七月

文芸教育研究協議会
『文芸研の授業シリーズ』編集委員会

目次

一

教材をどう読むのか

1 作品の構造

（1）視点

●視点、外の目、内の目

文学作品は、すべてある視点から語られています。「だれの目から」「どこから」語っているかということを《視点》、《視角》といいます。読者は、この視点を通して、その視角から作品世界をのぞき込むことになるのです。

対象（人物やものごと）を外側から見て、目撃者的に語っている場合を《外の目》で語るといいます。また、話者が、ある人物（視点人物）の目と心になって、その人物にかさなったり、よりそったりして語っている場合を《内の目》で語るといいます。

●おかみさんの《内の目》から

民話の《視点》は、語り手が人物の行動を《外の目》から語っていくものが一般的です。しかし、この作品は、民話でありながらおかみさんの目と心を通しておかみさんの《内の目》から語っています。語り手がおかみさんの《内の目》で語る場合、読者もその語りに従って、主におかみさんの側からたぬきの姿を見ていく《同化体験》をすることになります。おかみさんの側からたぬきの姿を見ていく読者は、おかみさんから見えるたぬきの姿の変化にもはっきりと気付くことができます。

一方で、語り手がおかみさんの《内の目》から語っている場合でも、読者はおかみさんの《視角》をはなれて《外の目》から《異化体験》をしています。それによって、読者は、終始一貫している好奇心旺盛なたぬきの本質を見ることができます。

この《同化体験》と《異化体験》をない交ぜにした《共体験》によって、より豊かで深い文芸体験をしていくことができます。

●おかみさんの《視角》から語るからこそ

もし、おかみさんではなくたぬきの《視角》で語られていたとしたらどうなるでしょうか。読者は語り手の視点に従って、たぬきの《内の目》から見ていくことになります。そうすることで好奇心旺盛なたぬきの本質はよく見えますが、おかみさんの姿は《外の目》から見ることになりますので、おかみさんにとってのたぬきの姿の変化まではっきりと見ることはできません。これは、語り手が《外の目》から語っていた場合でも同様です。

この作品では、おかみさんの《視角》から語ることによって、たぬきがその旺盛な好奇心から行動したことがおかみさんとの関係において違った姿として現れるという、この作品の《真実》に気づかせてくれるのです。

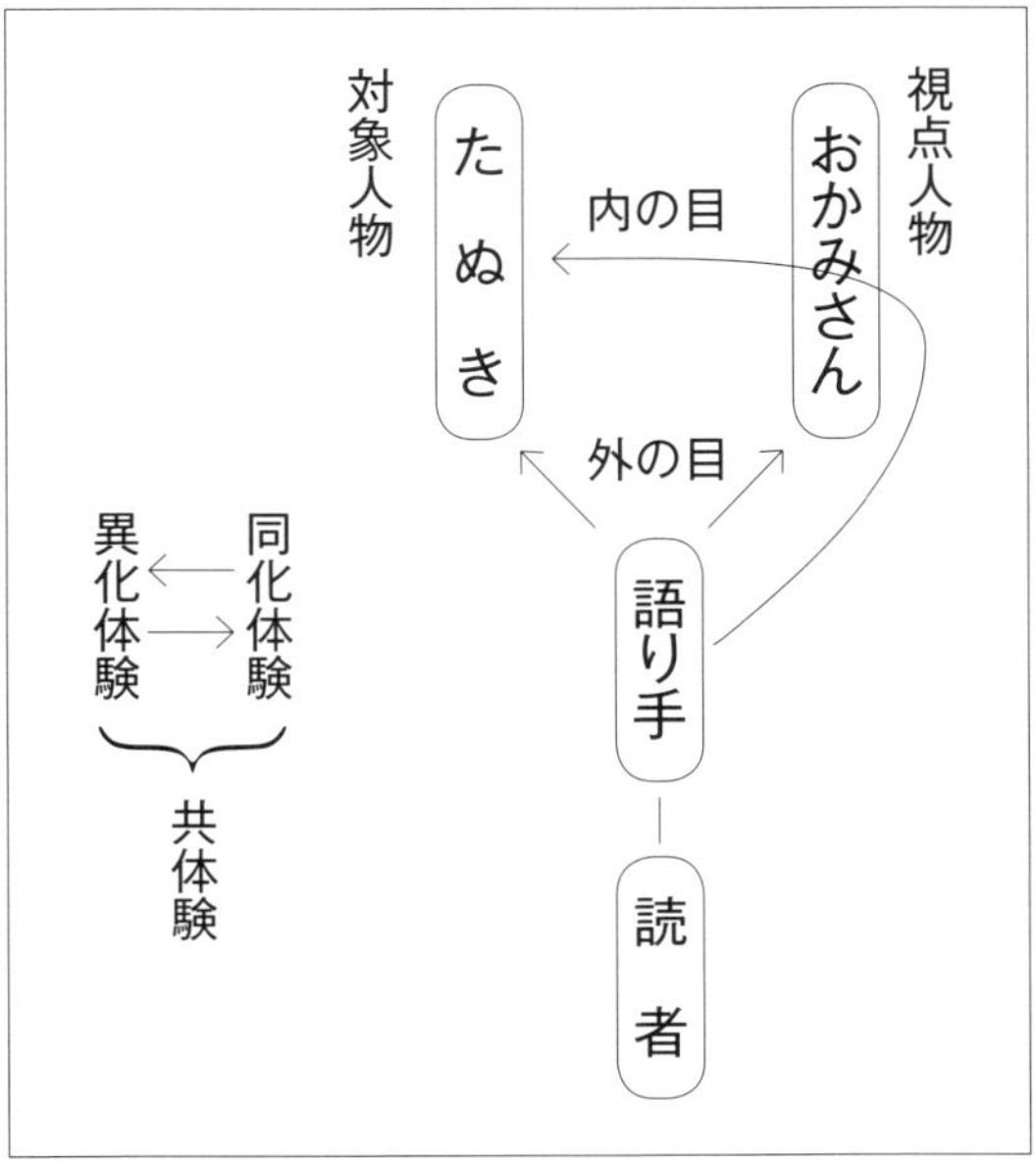

（2）題名

「たぬきと糸車」ではなく「たぬきの糸車」です。〈糸車〉は人間が使う道具ですから、たぬきのイメージと結びつかず、読者は「どんな〈たぬきの糸車〉だろう」「なんで〈たぬきの糸車〉なのかな」と考え、先を読みたくなります。このように読者を作品の世界に引き込む書き方の工夫を《仕掛》とよんでいます。題名の《仕掛》に気づかせることは、子どもたちの作文等の表現にもつながりますので、大切にしたいと考えています。

〈糸車〉は、今の子どもたちには、日常生活ではなじみのないものです。《だんどり》のうちに子どもたちに見せ、説明しておいた方がよいでしょう。糸紡ぎの様子は、インターネット上にもたくさんの動画があります。

（3）筋・構成・場面

構成

【場面わけ】（場面の始まりの文です）

一場面　むかし、ある山おくに、きこりのふうふがすんでいました。
二場面　ある月のきれいなばんのこと、おかみさんは、糸車をまわして、糸をつむいでいました。
三場面　あるばん、こやのうらで、キャーッというさけびごえがしました。
四場面　やがて、山の木のはがおちて、ふゆがやってきました。

一場面

〈むかし、ある山おくに、きこりのふうふがすんでいました。〜〉

●民話の書き出し

〈むかし、ある山おくに…〉と、民話の典型的な語り口で、読者は作品の世界に入っていきます。民話の書き出しについて、文芸研の西郷竹彦会長は次のように述べています。

〈むかしあるところに〉とはじまるのは本格昔話の「きまり文句」であるが、これは、これからはじまる物語の虚構性を示すものであり、聞き手（読者）を現実の日常生活から虚構の世界にさそいこむ役割をはたすものである。
〈むかし〉と語りはじめることによって、語り手は聞き手を虚構の世界にひきこみながら、しかも〈あるところに〉という形で、それが決して単なる「つくりごと」ではなく、現実性に裏うちさ

1

れたものであることを示す。

(『西郷竹彦文芸・教育全集第7巻文芸の世界Ⅰ口承文芸』p111より引用)

西郷文芸学では、「文芸とはことばの芸術であって、虚構である」と言っています。その場合の《虚構》とは、「現実をふまえて、現実をこえる世界」のことです。読者は、〈むかし…〉と時間をさかのぼった世界にひきこまれながら、〈ある山おくに〉という現実に裏打ちされた世界として、今いる現実の世界をふまえて読んでいくことになります。

●たぬきにとっての「いたずら」

〈山おくの一けんやなので〉の〈ので〉は、《理由》を表す言葉です。〈まいばんのようにたぬきがやって〉くることの《理由》が分かります。

〈山おく〉という場所は、いかにもたぬきの出そうな場所です。〈山おく〉でしかも〈一けんや〉ですから、ひっそりとした寂しいイメージが強く感じられます。〈まいばんのように〉ということから、夜の出来事であることが分かります。夜にもなれば、ひっそりとした寂しいイメージは一層強くなります。

民話に登場するたぬきには、好奇心旺盛で人なつっこいようなイメージがあります。そんなたぬきですから、ほかに行くところもないような寂しい〈山おく〉にある〈一けんや〉についてたいへん興味を持って、〈まいばんのように〉やってきては〈いたずら〉をするのだということが分かります。

●きこりのふうふにとっての「いたずら」

一方、きこりのふうふにとっては、その「いたずら」はどうだったのでしょう。

〈たぬきがやってきて〉とありますので、話者はきこりのふうふの側から語っていることが分かります。きこりのふうふの側から見て、たぬきが向こうからこちら〈山おくの一けんや〉の方にやってくるのです。〈そこで〉も、《理由》を表す言葉です。〈まいばんのようにたぬきがやってきて、いたずらをしました〉ので〈そこで、きこりはわなをしかけた〉のです。ただたぬきをとってやろうということではありません。たぬきにとっては好奇心からくるちょっとした〈いたずら〉のつもりだったのでしょうが、〈まいばんのように〉やってきては〈いたずら〉をするわけですから、〈山おくの一けんや〉にひっそりとくらすきこりのふうふにとってはたいへん困ったことと思います。たぬきにとっては好奇心からくるいたずらでしたが、一方のきこりのふうふにとっては〈わな〉をしかけるほどに困っているのです。

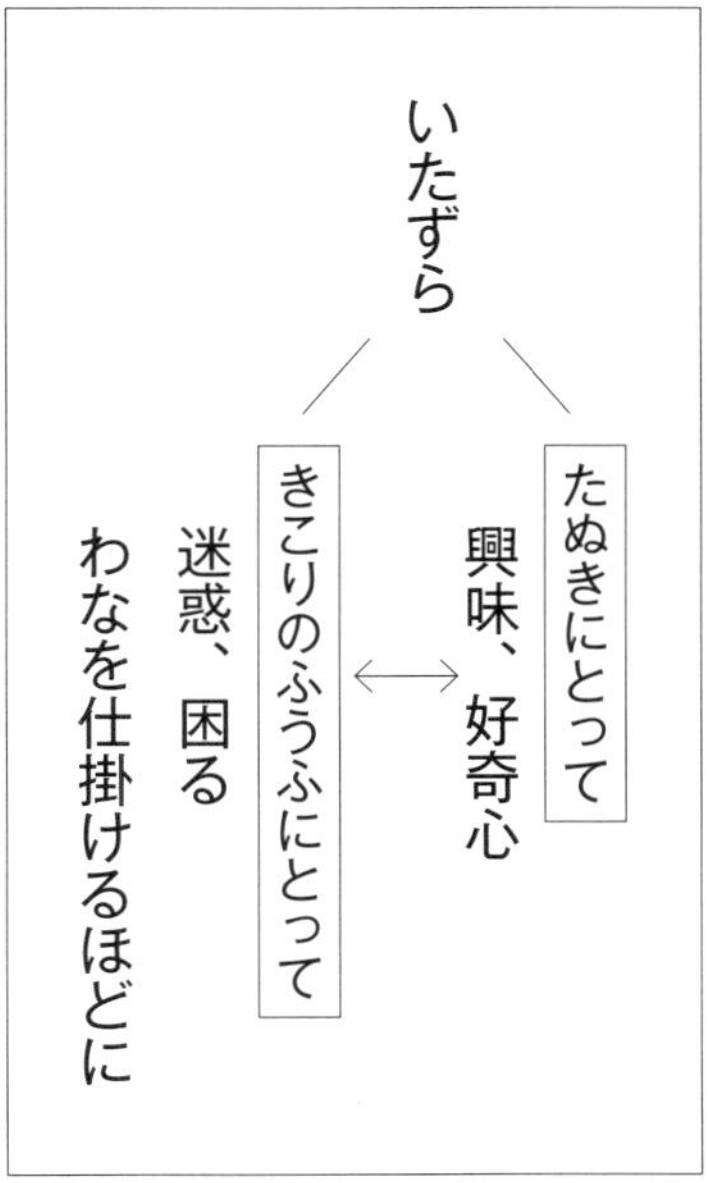

二場面

〈ある月のきれいなばんのこと、おかみさんは、糸車をまわして〜〉

●呼称の変化

一場面では〈きこりのふうふ〉という呼称で漠然としたイメージでしたが、この場面では〈おかみさん〉という一人の人物が挿絵とともに読者の前にあらわれます。挿絵を見ると、人の良さそうなおかみさんが描かれています。おかみさんは〈糸車をまわして、糸をつむいで〉います。働き者のおかみさんであることが分かります。〈キーカラカラ　キーカラカラ／キークルクル　キークルクル〉という《声喩》は、小気味いい響きで、軽快に規則正しく回る糸車の様子がイメージされます。おかみさんにとっては、糸車をまわして糸をつむぐことは、手慣れたことであり、生活のために大切な仕事です。この軽快で楽しい《声喩》は、おかみさんの人柄も映し出しています。

●おかみさんの視角から

おかみさんの《視角》から語られていますので、読者もまずは話者の語りに乗っておかみさんに《同化》しながら読んでいくことになります。

〈ふと気がつくと〉というのは、おかみさんが気がついたということです。話者は、おかみさんによりそって、おかみさんの気持ちになって語っています。〈こちらを〉のぞくということは、おかみさんから見てあちらから〈こちら〉をのぞくということです。話者はおかみさんの目と心によりそっていますから、むこうから〈こちら〉（おかみさんのほう）をのぞいていることになります。教科書の挿し絵もそのようになっています。

●おかみさんにとってのたぬきの姿

〈二つのくりくりした目玉が〉の〈くりくり〉という声喩は、視点人物であるおかみさんがそのように見て感じたということです。〈くりくり〉という響きは、たとえば「ぐりぐり」といった声喩と比べると、かわいらしい丸い目玉がイメージされてきます。おかみさんがたぬきの様子をかわいらしく感じていることが分かります。

　おかみさんが糸車をまわすと同時に、たぬきの〈二つの目玉も、くるりくるり〉とまわります。〈二つの目玉も〉ということは、そのまえに糸車がまわっているから、目玉〈も〉まわるということです。〈くるりくるり〉という声喩も楽しげで、おかみさんがたぬきの様子をかわいらしく感じていることが分かります。たぬきのかわいらしさがくり返され、そのように見るおかみさんの人のよさもくり返されます。

〈たぬきのかげがうつりました〉とは、おかみさんのいる〈こちら〉からは〈目玉〉と〈かげ〉しか見えないということです。〈月のあかるい〉晩だからこそ、〈こちら〉から見ると〈たぬきのかげ〉が〈しょうじ〉にうつったのです。このたぬきの様子を見て、おかみさんは〈おもわずふき出しそうに〉なります。自分の糸車の動きに合わせてまわる〈目玉〉と〈たぬきのかげ〉が〈しょうじ〉にうつる様子をかわいらしく思っているからです。

　しかし、おかみさんは〈だまって糸車をまわして〉います。〈おもわずふき出しそうに〉なりながらもこ

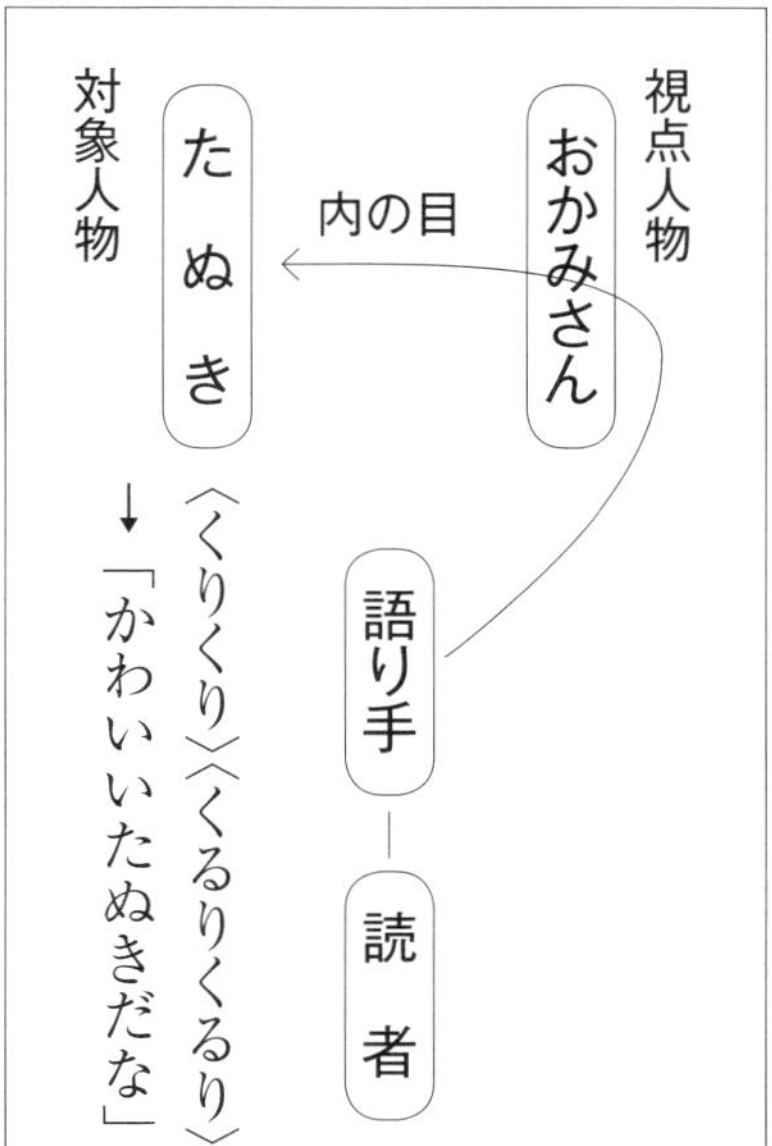
視点人物
おかみさん
内の目
たぬき
対象人物
〈くりくり〉〈くるりくるり〉
↓「かわいいたぬきだな」
語り手
読者

らえて〈だまって糸車を〉まわしたのは、たぬきを驚かせないために気づかないふりをしたおかみさんの心配りでしょう。たぬきをかわいらしく思っているからこそ、そうした行動になるのです。

〈それからというもの、たぬきはまいばんまいばんやってきて、糸車をまわすまねをくりかえしました〉とあります。

※逆接＝あとに出てくるイメージの方が強められる。

「いたずらもんだが、かわいいな。」⟷「かわいいが、いたずらもんだな。」

くらべ読みをすると、意味の違いがよく分かります。

〈まいばんまいばん〉やってくるたぬきの様子を見たおかみさんは、〈「いたずらもんだが、かわいいな。」〉と思うようになります。〈だが〉という逆接は、あとの〈かわいいな〉という気持ちを強調しています。逆接の場合、あとに出てくるイメージの方が強められるからです。

おかみさんにとってのたぬきの姿は、一場面ではいたずらをして困るたぬきが、二場面ではかわいらしいたぬきへと変わっていることが分かります。

●たぬきの性質

一方で、そうしたたぬきの姿を《外の目》から《異化》してみると、どうでしょうか。

〈やぶれしょうじのあなから、二つのくりくりした目玉が、こちらをのぞいていました〉とあります。おかみさんのまわす糸車の軽快な音に誘われてのぞきにきたのでしょう。一場面でまいばんのようにいたずらをした好奇心いっぱいのたぬきが、ここでも現れています。〈くりくりした目玉〉という《声喩》から、興味いっぱい、目を大きく見開いてのぞき込んでいることが分かります。いかにも好奇心旺盛なたぬきらしいと感じます。

　そして、糸車の動きに合わせて目玉を〈くるりくるり〉とまわしたり、〈糸車をまわすまね〉をしていることからも、好奇心旺盛なたぬきらしさがあらわれています。

〈それからというもの、たぬきはまいばんまいばんやってきて、糸車をまわすまねをくりかえしました〉は、〈まいばんまいばん〉と重ね言葉になっています。

　それだけたぬきがやってくるのは、糸車の動きがよほどおもしろかったのでしょう。好奇心旺盛で楽しいことが好きなたぬきの性格がくり返されています。

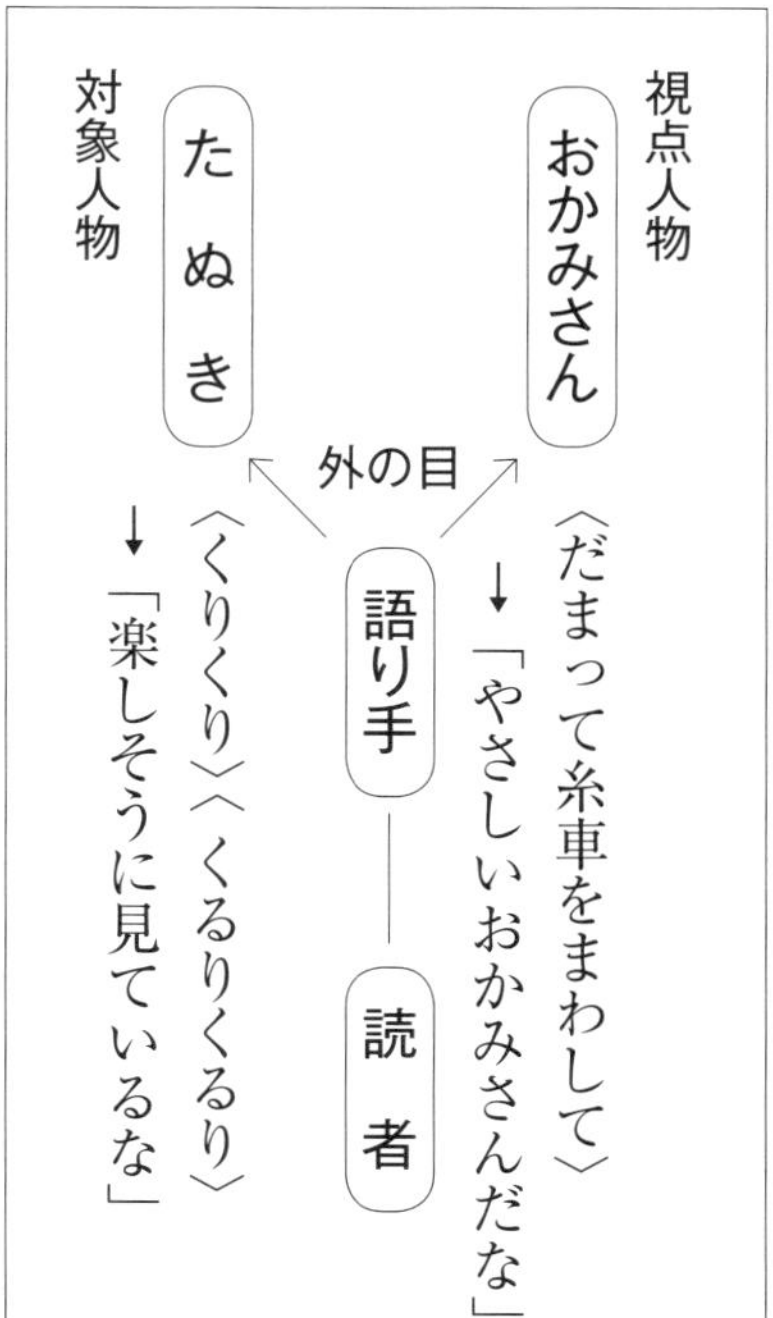
視点人物
おかみさん
〈だまって糸車をまわして〉
↓「やさしいおかみさんだな」
外の目
語り手
読者
対象人物
たぬき
〈くりくり〉〈くるりくるり〉
↓「楽しそうに見ているな」

●おかみさんにとってのたぬきの姿と、たぬき自身の本質

　おかみさんにとってのたぬきは、一場面ではいたずらをして困るたぬきでした。〈いたずら〉をされたので困ってわなをしかけたのです。わなをしかけたのは〈きこりのふうふ〉で、〈おかみさん〉もふくまれます。しかし、二場面では〈「いたずらもんだが、かわいいな。」〉と、おかみさんにとってのたぬきの意味づけが変わってきます。

　一方、たぬきにとっては、それらの行動はどちらも旺盛な好奇心から来たものです。おかみさんにとってのたぬきの姿は違っていても、たぬき自身の本質は一貫して変わっていないことが分かります。

三場面

〈あるばん、こやのうらで、キャーッというさけびごえがしました。〜〉

●《仕掛》のある書き方

〈あるばん〉というと、読者は、何かあったのかなと思います。《仕掛》のある表現です。そして、〈こやのうらで、キャーッというさけびごえがしました〉と続きますので、読者はきこりのふうふしか住んでいない山おくの一けんやなのにどうしたのだろうと思います。読者に興味を持たせる《仕掛》のある書き方になっています。

●おかみさんにとってのたぬきの姿

まずはおかみさんに《同化》しながら読んでいきます。

〈こわごわいってみると〉の〈こわごわ〉は、おかみさんの気持ちです。山おくの一けんやでの〈さけびごえ〉ですから、おかみさんならずともびっくりします。

すると〈いつものたぬき〉が、わなにかかっていました。〈いつものたぬき〉とは、〈まいばんまいばんやってきて、糸車をまわすまねをく

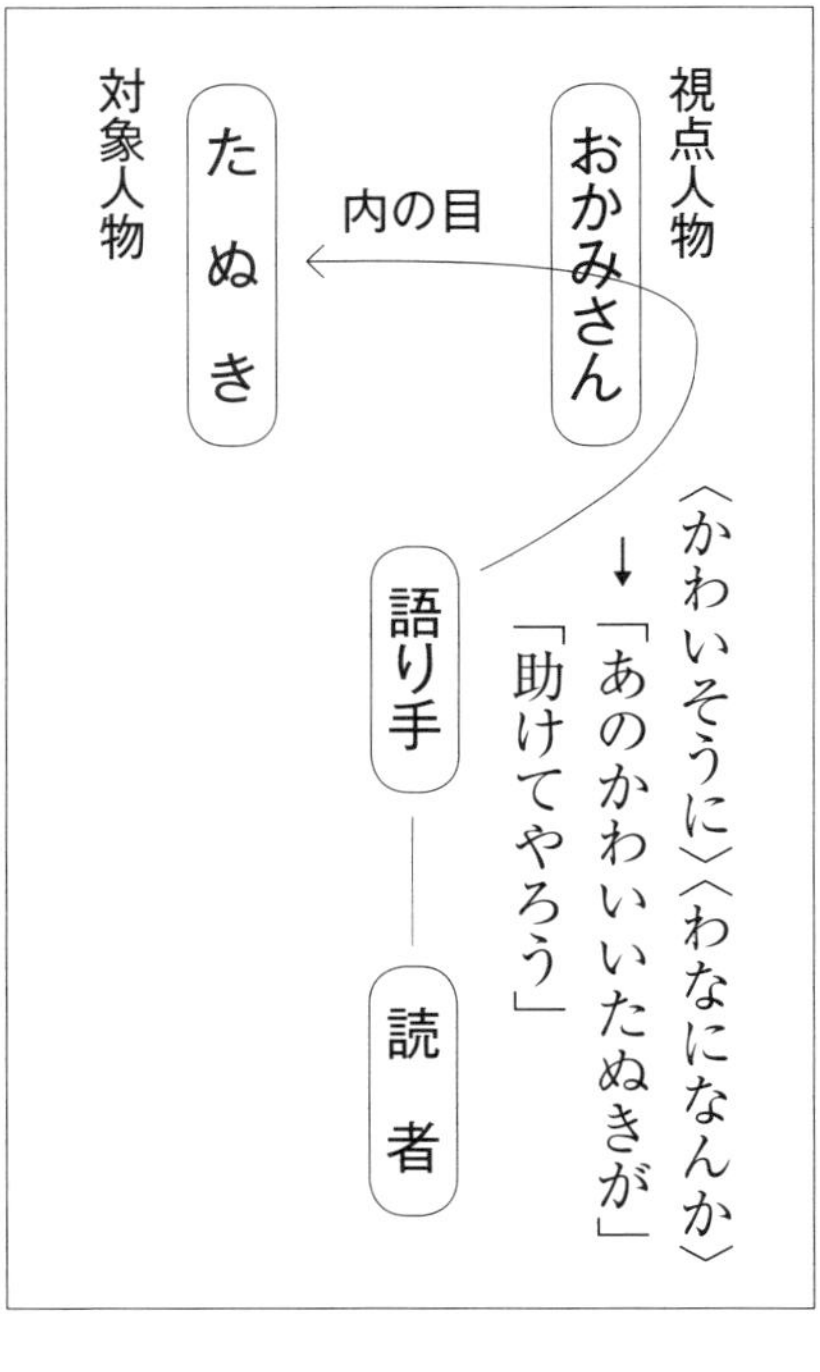

〈かわいそうに〉〈わなになんか〉
↓「あのかわいいたぬきが」
「助けてやろう」
視点人物
おかみさん
内の目
たぬき
対象人物
語り手
読者

りかえし〉、おかみさんが〈いたずらもんだが、かわいいな〉と思うようになった、あのたぬきです。ですから、〈「かわいそうに。わなになんかかかるんじゃないよ。たぬきじるにされてしまうで。」〉と言います。

一場面ではわなを仕掛けたきこりのふうふのおかみさんが、三場面では〈かわいそうに。わなになんかかかるんじゃないよ〉と言うのです。どうしてそのようになっていったのか《理由》を考えていくと、〈かわいい〉という気持ちがある、あのたぬきだからこそ、おかみさんは〈かわいそうに〉という気持ちになったのだと気づきます。〈わなになんか〉という言い方にも、おかみさんのたぬきへの強い感情が表れています。ですから、〈たぬきをにがしてやりました〉となるのです。

●たぬきの性質

たぬきは、何のために来ていたのでしょうか。たぬきの姿を外の目から《異化》してみます。

〈あるばん〉とありますから、たぬきがわなにかかったのは、晩のできごとです。たぬきが何をしに来てわなにかかったのか、この場面には書かれていません。しかし、二場面には〈まいばんまいばんやってきて、糸車をまわすまねをくりかえしました〉とありますから、このときにも糸車をまわすまねをするためにやってきたのだろうと類推できます。好奇心旺盛なたぬきの姿がここにもあらわれているといえます。

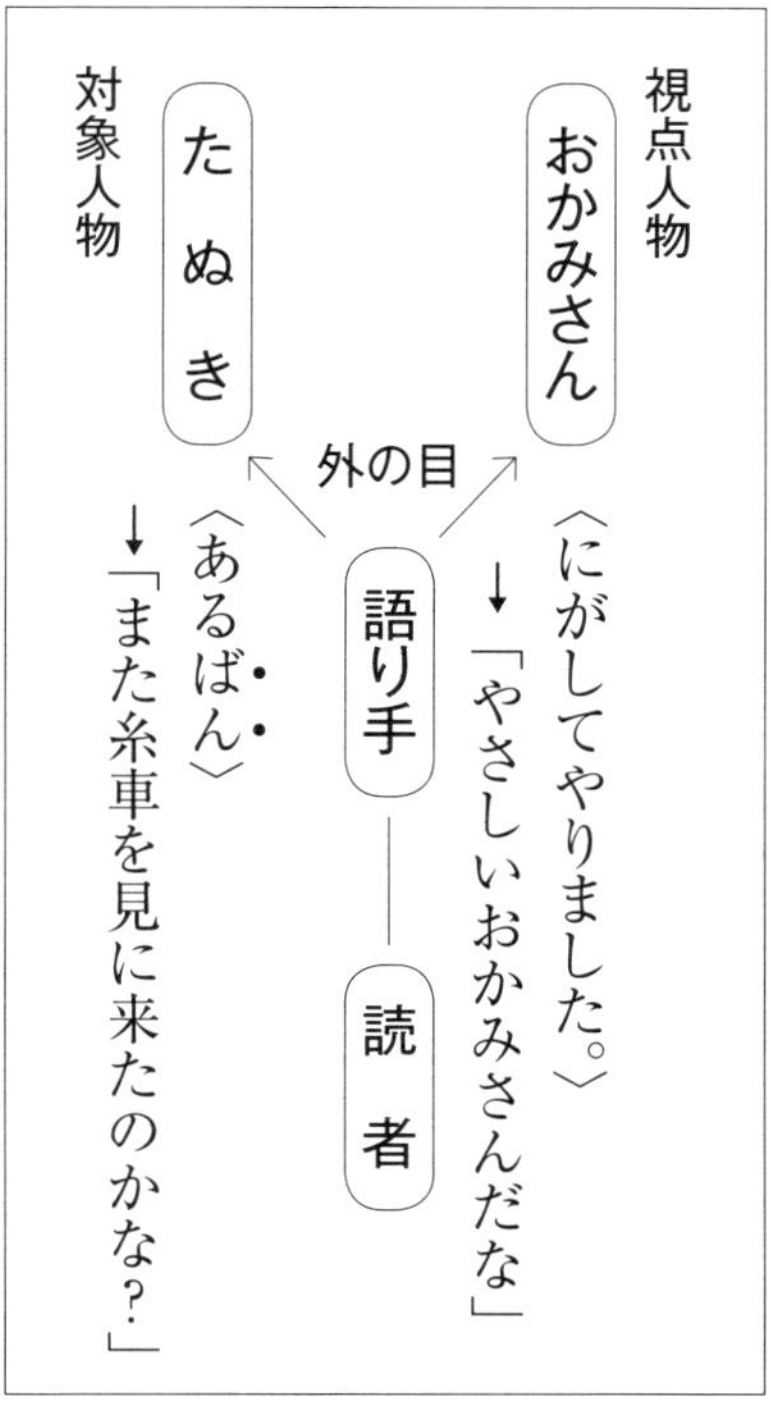

このように、おかみさんにとってのたぬきは、いたずらをして困るたぬきだったのが、〈いたずらもんだが、かわいいな〉となり、わなにかかっていたのを〈かわいそうに〉と思いにがしてやったというように、意味づけが変わってきています。しかし、たぬき自身の本質は一貫して変わっていないのです。

四場面

〈やがて、山の木のはがおちて、ふゆがやってきました。〜〉

●仕掛のある書き方

〈ゆきがふりはじめると、きこりのふうふは、村へ下りていきました〉とあります。雪が降れば木こりの仕事はできませんから、村におり、また来年の春に戻ってくるということです。ここまで、おかみさんとたぬきのやりとりがずっと語られてきましたから、おかみさんがいない間、たぬきはどうなるのかなと読者は気になります。《仕掛》のある書き方です。

そして〈はるになって〉〈山おくのこやにもどって〉くると、〈とをあけたとき、おかみさんはあっとおどろきました〉となります。その《理由》は、おかみさんが糸を紡いでいないのに〈いたの間に、白い糸のたばが、山のようにつんであった〉からです。ここでも読者は、なぜそうなったのだろうとわけを知りたくなる《仕掛》になっています。

話者はおかみさんの目と心に寄り添って語っています。〈あっとおどろきました〉とは、おかみさんの気持ちです。〈山のように〉という《比喩》も、おかみさんの驚きが分かります。〈つんであったのです〉の〈のです〉という文末も、その驚きを強調しています。〈そのうえ、ほこりだらけのはずの糸車には、まきかけた糸までかかっています〉と驚きは続きます。〈います〉と現在形の文末になっています。〈「はあて、ふしぎな。

どうしたこっちゃ。」〉と言うおかみさんといっしょに、読者もどうしたんだろうと気になる《仕掛》になっています。

●おかみさんにとってのたぬきの姿

その後、〈キーカラカラ　キーカラカラ／キークルクル　キークルクル／と、糸車のまわる音が、きこえて〉きて〈びっくり〉するおかみさんの気持ちがあります。〈そっとのぞくと、いつかのたぬきが、じょうずな手つきで、糸をつむいでいるのでした〉と、おかみさんと同じようにつむいでいたのです。おかみさんは驚いたことでしょう。

〈いつかのたぬき〉とは、あのかわいらしいたぬきのことです。〈のでした〉という文末は〈じょうずな手つきで、糸をつむいで〉いることを強調しています。たぬきの様子を、おかみさんは感心して見ているのです。

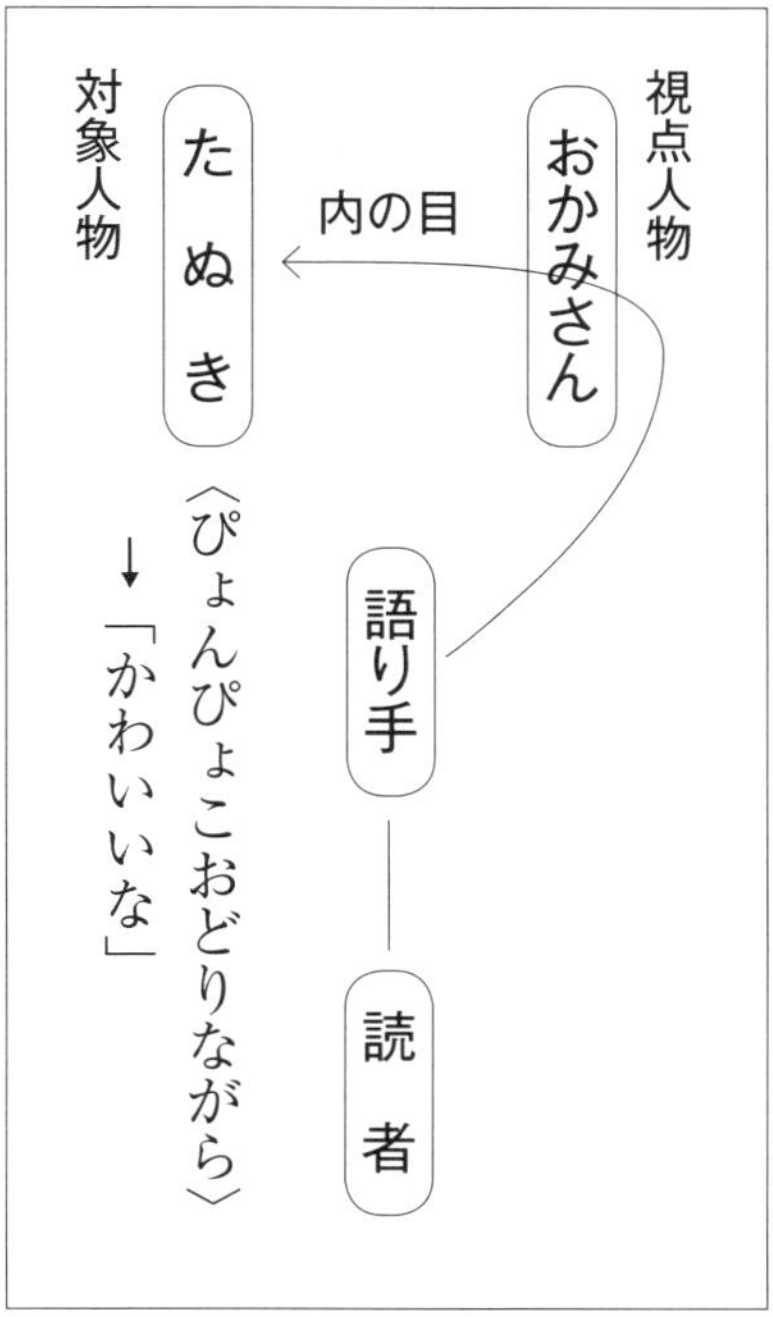
視点人物
おかみさん
内の目
対象人物
たぬき
〈ぴょんぴょこおどりながら〉
↓
「かわいいな」
語り手
読者

それから、〈たぬきは、ふいに、おかみさんがのぞいているのに気がつき〉帰っていきました。しかも、〈ぴょこんとそとにとび下り〉、〈そして、うれしくてたまらないというように、ぴょんぴょこおどりながらかえって〉いったのです。〈ぴょこん〉〈ぴょんぴょこ〉という声喩の響きや〈うれしくてたまらないというように〉〈おどりながら〉といったたぬきの仕草も、本当にかわいらしいイメージがしてきます。これも、おかみさんから見て、そのようにかわいらしく見えたということです。

●たぬきの性質

おかみさんがこやにもどってきたとき、糸のたばは〈山のように〉つんでありました。それほどたくさんの糸のたばができるほどずっとたぬきは糸をつむいできたということです。

〈キーカラカラ　キーカラカラ／キークルクル　キークルクル〉という声喩も軽快な響きで、おかみさんと同じように上手で手慣れた手つきであることが分かります。

つづいて、〈こんどは、いつもおかみさんがしていたとおりに、たばねてわきにつみかさねました〉とあります。この様子から、たぬきは、おかみさんが糸車をまわしていた手順をしっかりと覚えるほど、興味深く丁寧に見ていたということが分かります。

また、〈つむぎおわると、こんどは〉と手順よく手慣れた感じもします。冬のあいだ、たぬきはおかみさんと同じように糸をつむいできたのでしょう。好奇心旺盛で楽しいことが好きなたぬきの姿がここにもあらわれているのです。

おかみさんがのぞいているのに気がついて帰っていくときにも、〈ぴょこんとそとにとび下り〉、〈そして、うれしくてたまら

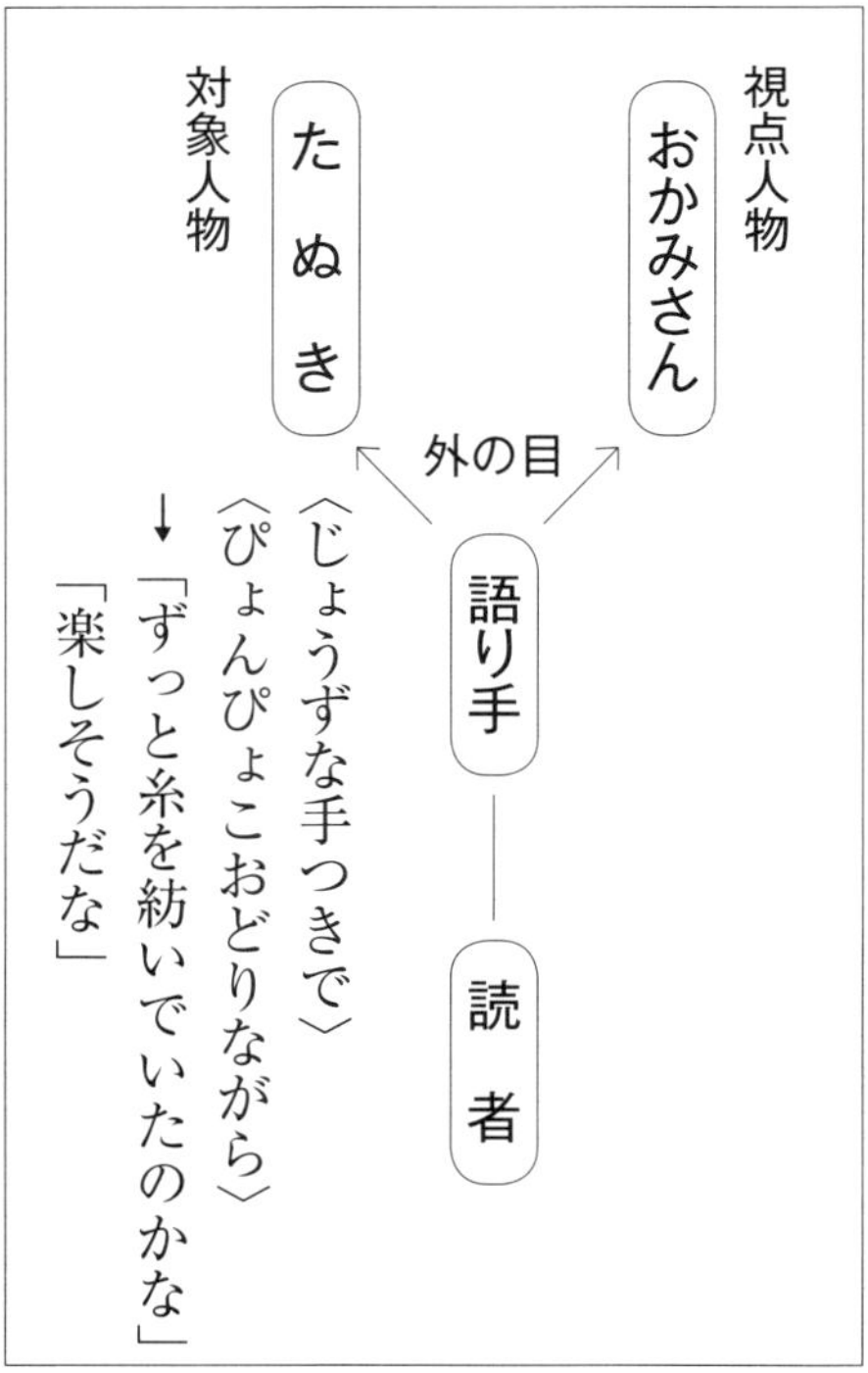

ないというように、ぴょんぴょこおどりながらかえって〉いったのです。糸をつむいでいたことの楽しさをおさえきれない様子が分かります。

●おかみさんにとってのたぬきの姿と、たぬき自身の本質

おかみさんにとってのたぬきは、一場面では、わなをしかけるほどに困ったいたずらだぬきでしたが、四場面では役に立つ仕事をするたぬきです。おかみさんの《内の目》から見たときには、たぬきの姿が正反対に変わっているように見えます。しかし、たぬきにしてみれば、どちらの行為もたぬきの旺盛な好奇心からきた行為であり、終始一貫しているのです。おかみさんを困らせるためにいたずらをしたのでもなければ、おかみさんを手伝うために糸車をまわしたわけでもありません。どちらもたぬきの興味にもとづいた行為であり、それがおかみさんにとってプラスの価値になるかマイナスの価値になるかという評価の問題です。たぬきの本質はどちらも変わらず終始一貫しているのですが、それがおかみさんとの関係で、困ったいたずらに見えたり、かわいらしい手助けのように見えたりするのです。わなから助けてもらったことへの恩返しのお話ではないのです。

●「いたずら」が「手助け」になるおもしろさ

この作品の《美》、つまりおもしろさは、いたずらが手助けになっているということです。「いたずら」も「手助け」も、おかみさんにとっての意味づけで、たぬきからすれば、どちらも旺盛な好奇心からきた行為です。たぬきにとっては好奇心からきた行為で終始一貫しているものが、おかみさんにとっては、一場面では〈わな〉をしかけるほどに困ったいたずらとなり、四場面では手助けとなっているのです。

どちらもたぬきの好奇心からきた行為ですが、それが時によっていたずらになったり手助けになったりす

るおもしろさがあります。

●《性》と《相》

仏教の世界に、《性》《相》という言葉があります。《性》とは、性質・本性ということです。《相》とは、姿・様子です。《相》は、必ずある何かとの関係において《相》を現します。その何かを《縁》といいます。あるいは《条件》といいます。《条件》《縁》によってさまざまな《相》を現すのです。

	〈一場面〉		〈四場面〉		
おかみさんにとって	いたずら	↔	手助け	変わった	相
たぬきにとって	好奇心	＝	好奇心	変わらない	性

それをこの作品に当てはめてみると、好奇心旺盛なたぬきの《性》《真実》は終始一貫していますが、それがおかみさんとの関係《縁》によって「いたずら」となったり「手助け」となったり違った姿《相》となって映ります。そのおもしろさが《美》であるといえます。

●たぬきの姿と1年生の姿とを重ね合わせる

興味の赴くままにしたいことをしているたぬきの姿は、1年生の日常の姿と重なってきます。1年生の子どもたちは、様々な姿を見せます。時には1年生の姿に困ってしまうこともあります。しかし、1年生は困らせるためにやっているわけではありません。たぬきのいたずらも、困らせるためにやっているのではありません。高学年にもなれば、自分自身を《外の目》から見ることができるのですが、1年生やたぬきには、自分の行為が相手に迷惑をかけていることに気づかないことも多いのです。

自分の行為をたぬきと重ね合わせて見つめ直すことで、「相手にとって」ということを自覚させ、子どもの見方を広げていきたいと思います。

2 作品の特質

(1) 視点——おかみさんの《視角》から語る

民話の《視点》は、語り手が人物の行動を《外の目》から語っていくものが一般的ですが、この作品は、民話でありながらおかみさんの目と心を通しておかみさんの《内の目》から語っています。そのために、読者は、おかみさんから見えるたぬきの姿の変化にもはっきりと気づくことができます。そして、同時に、《外の目》から《異化体験》をすることで、終始一貫している好奇心旺盛なたぬきの本質も見ることができます。

もし、おかみさんではなくたぬきの《視角》で語られていたとしたら、読者はたぬきの《内の目》から見ていくことになります。そうすることで好奇心旺盛なたぬきの本質はよく見えますが、おかみさんの姿は《外の目》から見ることになりますのでおかみさんにとってのたぬきの姿の変化まではっきりと見ることはできません。これは、語り手が《外の目》から語っていた場合でも同様です。

この作品では、おかみさんの《視角》から語ることによって、たぬきがその旺盛な好奇心から行動したことがおかみさんとの関係において違った姿として現れるという、この作品の《真実》に気づかせてくれるのです。

このように、作品の深い意味や価値を導き出す方法を《虚構の方法》といいます。

（2）声喩の多用

民話は、語り伝え、聞き伝えられる文芸です。教室で民話を読むにあたっては、語りの文芸としてのその語り口を生かすことが大事になります。《声喩》も、その一つです。

《声喩》というのは、擬声語、擬態語とも言われています。口で語り、耳で聞く語りの文芸としての民話には、《声喩》も多用されていきます。

この作品に使われている多くの《声喩》についても、単に様子を分かりやすくするための表現として見るのではなく、視点と関わらせながら意味づけしていくことが大事です。

たとえば、〈くりくりした目玉の〉の〈くりくり〉という《声喩》や〈くるりくるり〉という《声喩》は、たぬきの様子をおかみさんがどう見たかが表れています。すなわち、おかみさんがたぬきの様子を愛らしく見ていることが分かります。また、たぬきをそのように見るおかみさんの人のよさも感じとれます。

〈キーカラカラ〉〈キークルクル〉という《声喩》には、糸車がリズムよく上手にまわるイメージがあります。この軽快で楽しい《声喩》は、二場面では、糸車をまわすおかみさんの人柄も映し出しているように感じます。四場面では、たぬきがおかみさんがまわすのと同じように手慣れた手つきで上手にまわしていることが分かります。

（3）くり返される人物の行動

民話の特質の一つに、人物の行動がくり返し描かれることが多いということも挙げられます。

人物の言動をくり返すことによって、その人物像も強調されて見えてきます。民話の《くりかえし》について、西郷会長は次のように述べています。

> 民話の特徴の一つは、人物の行動が三べん（あるいは二へん、四へん）くりかえされることが多いということです。〈くりかえし〉によって、人物の性格が強調され、うきぼりにされていきます。そして、〈くりかえし〉によって、話のテーマが打ちだされてくるのです。
> 民話のなかでの人物の性格・像は、その人物の行動を物語るという方法で表現します。童話や小説のように、人物の顔かたちなどこまごまえがくことはしません。ですから、人物の性格も、その場の心理、心情もすべてその人物の行動そのものの〈うら〉に表現されているわけです。そこに民話のおもしろさがあります。
> （『全集7巻文芸の世界Ⅰ口承文芸』Ｐ３８９～３９０）

二場面以降のたぬきの行動を見ていくと、糸車をまわす様子を熱心にのぞき込み、毎晩のようにやってくる、そして留守の間に山のように糸をつむぐたぬきの行動がくりかえされています。糸車に大変な興味を持つ好奇心旺盛なたぬきの性格が見えてきます。そうしてみると、一場面のいたずらも、旺盛な好奇心からくるものであることが分かります。一場面からくりかえされるたぬきの行動によって、その性格・人物像が強調されて見えてきます。

また、それを見るおかみさんも、〈いたずらもんだがかわいいな〉〈かわいそうに〉と、たぬきの姿をほほえましく見守る姿がくり返され、そのやさしい人柄が見えてきます。

（4）強意表現

この作品には、次のような強意表現が使われています。

〈いたの間に、白い糸のたばが、山のようにつんであったのです〉の〈のです〉という文末は、おかみさんの視点で見ていますので、山のようにつまれた様子におかみさんの驚きの気持ちが強調されています。

〈そっとのぞくと、いつかのたぬきが、じょうずな手つきで、糸をつむいでいるのでした〉の〈のでした〉という文末は、〈じょうずな手つきで、糸をつむいで〉いることを強調しています。たぬきの様子を見ているおかみさんが、感心して見ているということです。

たぬきがこのように糸車をまわす姿を強調することは、題名の「たぬきの糸車」と響き合ってきます。

1

二

この教材でどんな力を育てるか

1 認識の力

人間の真実や物事の本質がわかることを《認識》といいます。わかるためには、わかり方《認識の方法》が必要になります。1年生の子どもであっても、《認識の方法》を教材の中で具体的に学ばせていきます。そして、その教材で、人間の真実や物事の本質を学んでいきます。これを《認識の内容》といいます。

国語科の学習では、ことばを通して人間の真実やものごとの本質《認識の内容》を学び、同時に、わかるためのものの見方・考え方《認識の方法》を学ぶことになります。わかったこととわかり方を同時に身につけていったことの蓄積が《認識の力》になります。

認識の内容
認識の方法
＞ 認識の力
（生きてはたらく力）

（1）認識の内容

文章の表現の内容は、「ようす、きもち、わけ」しか書かれていません。表現の内容の読解では、その文章がわかるだけで終わってしまいます。子どもたちには、作品を通して人間の真実やものごとの本質を学び、その価値・意味を考えることができるようにしたいと思うのです。

そして、その作品の世界を、現実と、そこに生きる自分たちにつなげて考えさせたいと思います。作品の世界を自分たちにつながる世界として読むことを《典型をめざす読み》といいます。

表現、認識の内容、典型化

〈表現の内容（主題）〉

おかみさんはたぬきをいたずらをして迷惑をかける悪いたぬきと思っていたが、毎晩やってきて糸車をまわすまねをするかわいらしいたぬきを見てからは、いたずらものだがかわいいなと思うようになり、仕掛けたわなからも逃がしてやる。春、小屋に戻って糸のたばが山のようにつまれているのに驚き、不思議に思う。しかし、それはあのたぬきがやったことだと知ることになる。

〈認識の内容（思想）〉

行為の本質は変わらなくても、相手によっては違った姿としてあらわれるものである。

〈典型化〉

興味の赴くままにしたいことをしているたぬきの姿は、1年生の日常の姿と重なってくる。自分の行為をたぬきと重ね合わせて見つめ直すことで、「相手にとって」ということを自覚させ、子どもの見方を広げていきたい。

二

（2）認識の方法（ものの見方・考え方）

①比較（類比・対比）する見方・考え方

《比較》とは、ものごとを比べてみることです。《比較》するというのは二通りあり、同じところ、似たところに目をつけて比べることを《類比》、ちがうところ、反対のところに目をつけて比べることを《対比》といいます。

◎たぬきとおかみさんの言動を類比する

一場面からずっとたぬきの様子を《類比》して見ていくと、〈まいばんのように〉〈のぞく〉〈まいばんまいばんやってきて〉……と、終始一貫して好奇心旺盛なたぬきの人物像が見えてきます。また、そんなたぬきの様子を見るおかみさんの気持ちや様子を《類比》して見ていくと、おかみさんの人物像が見えてきます。〈「いたずらもんだが、かわいいな。」〉〈「かわいそうに。」〉といった気持ちや〈くりくりした目玉〉〈くるりくるり〉〈ぴょんぴょこ〉といった声喩などから、たぬきの姿をほほえましく見ているおかみさんのやさしい人柄が見えてきます。

それぞれの人物の言動を《類比》して見ることで、その人物像が浮き彫りになってきます。

認識の方法

●たぬきの様子

・まいばんのようにたぬきがやってきて、いたずらしました。
・くりくりした目玉・くるりくるり
・まいばんまいばんやってきて、糸車をまわすまねをくりかえしました
・いつかのたぬきが、じょうずな手つきで、糸をつむいでいるのでした。
・うれしくてたまらないというように、ぴょんぴょこおどりながらかえっていきましたとさ。

好奇心旺盛なたぬき

●おかみさんの見方

・くりくりした目玉・くるりくるり
・ふき出しそうになりましたが、だまって糸車をまわしていました。
・「いたずらもんだが、かわいいな。」
・「かわいそうに。わなになんかかかるんじゃないよ。たぬきじるにされてしまうで。」
・たぬきをにがしてやりました。
・ぴょこん　・ぴょんぴょこ

やさしいおかみさん

二

◎たぬきの行為を対比する

一おかみさんの《内の目》を通して一場面と四場面のたぬきの行為を《対比》すると、一場面では困ってわなをしかけるような「いたずら」が、四場面では糸のたばを山のように積み上げ、

おかみさんの「手助け」をしているように見えます。一場面と四場面のたぬきの行為は全く対照的で、話者の語りにのってことがらの筋だけを見ていくと、「いたずら」をする悪いたぬきが「手助け」をするいいたぬきに変わったようにも見えます。

　しかし、先に述べたとおり、たぬきの行為は全てその旺盛な好奇心からきたものです。好奇心旺盛なたぬきの性質は終始一貫しているのですが、おかみさんとの関係によって「いたずら」になったり「手助け」になったり、違った姿として映るのです。おかみさんの《内の目》から見えるたぬきの姿とたぬきの性質とを《対比》することで、表現内容の読解をこえて、より深い読みが可能となります。

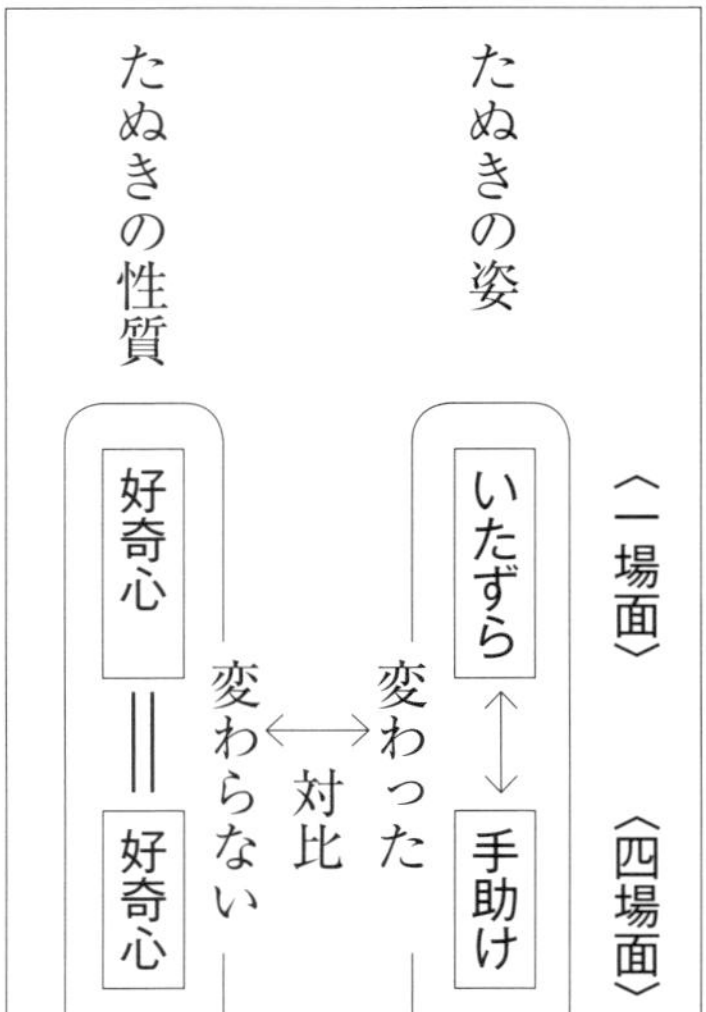
〈一場面〉
〈四場面〉
たぬきの姿
いたずら
手助け
変わった
対比
たぬきの性質
好奇心
好奇心
変わらない

②理由を考える見方・考え方

　人間の言動には、必ず《理由》があります。人物の言動の《理由》を考えることで、その人物の本質をつかむことができます。

◎《理由》が書かれている表現

〈山おくの一けんやなので、まいばんのようにたぬきがやってきて、いたずらをしました。そこで、きこりがわなをしかけました。〉

この一節には、〈山おくの一けんやなので〉〈そこで、きこりはわなをしかけました〉と、《理由》を表す言葉が二つあります。

〈まいばんのようにたぬきがやってきて、いたずらをしました〉の《理由》は、その文の前にある〈山おくの一けんやなので〉という文です。「理由」→「ことがら」という順序になっているのです。

そして、この〈まいばんのようにたぬきがやってきて、いたずらをしました〉という文は、〈そこで、きこりはわなをしかけました〉というきこりの行動の《理由》にもなっています。「ことがら」の文が「理由」をあらわす文にもなっています。それによって、〈きこりがわなをしかけました〉ということが強調される効果もあります。

ちょっと入り組んだ形になりますが、この文章は、〈まいばんのようにたぬきがやってきて、いたずらをしました〉という文が、その後の文の「理由」になっているのと同時に、その前の文〈理由〉の「ことがら」にもなっている二重の関係を持っていることが分かります。

・〈山おくの一けんやなので〉【理由】

・〈まいばんのようにたぬきがやってきて、いたずらをしました。〉【ことがら】

・〈まいばんのようにたぬきがやってきて、いたずらをしました。〉【理由】

・〈そこで、きこりがわなをしかけました。〉【ことがら】

二

◎《理由》が直接書かれていない表現

文章の中には、《理由》の書かれているものと、《理由》の書かれていないものがあります。《理由》の書かれていない場合でも、1年生のうちから《理由》を考えさせていくことで、人物の本質をとらえる力を育てたいと思います。

二場面では、たぬきが糸車をまわすまねをします。たぬきの行動の《理由》を考えさせることで、好奇心旺盛なたぬきの人物像が見えてきます。

三場面では、たぬきがわなにかかります。たぬきがなぜやってきたのか、その《理由》を考えさせることで、ここでも好奇心旺盛なたぬきの人物像が見えてきます。

四場面では、たぬきは、冬の間、山のように糸をつむいでいます。なぜそれほどまでに糸をつむいだのか、《理由》を考えさせることで、ここでもまた好奇心旺盛なたぬきの人物像が見えてきます。

《理由》を考えることは、人間の本質をとらえたり、意味づけをする、大切な見方・考え方なのです。このように文章の中で《理由》を考えるという学習は、そのまま実際の生活における《理由》や、身のまわりの様々なできごとの《理由》を考える力にもなり、作文を書くときに《理由》を考えて書く力にもなります。

③過程的に見る見方・考え方

《過程的に見る》とは、ものごとの「つながり」「うつり」「うごき」を見ることです。

語り手はおかみさんの目と心によりそって語っていますから、この作品で語られていることは、おかみさんの「ようす」と「きもち」、それから、おかみさんの目と心を通したたぬきの「ようす」が描かれています。

〈わなをしかけました〉〈「いたずらもんだが、かわいいな。」〉〈かわいそうに〉〈あっとおどろきました〉などのおかみさんの気持ちについて、その《理由》を考えていきます。すると、それはたぬきのようすがきっかけになっていることがわかります。

くり返し描かれているおかみさんの気持ちについて、そのきっかけになっているたぬきの様子と響き合わせて《過程的》に見ていくことで、おかみさんにとってのたぬきの姿が変化していく流れをしっかりおさえていきます。

たぬき（ようす） ← おかみさん（ようす）（気持ち）

〈一場面〉

山おくの一けんや
▼ なので
いたずらをしました
▼ そこで
わなをしかけました

〈二場面〉

まいばんまいばんやってきて
まわすまねをくりかえしました　　たぬきのようす
▼
いたずらもんだが、かわいいな　　おかみさんの気持ち

関連・系統指導案（小学校の中心課題）

0 観点 目的意識・問題意識・価値意識

真・偽ほんと―うそ
善・悪いいこと―わるいこと
美・醜きれい―きたない
有用・無用やくにたつ―やくにたたない

低 / 中 / 高

1 比較（分析・総合）
類似性―**類比（反復）**
相違性―対比

2 順序 過程・展開・変化・発展
時間・空間・因果・心情・思考・論理・意味

3 理由・原因・根拠

4 類別（分類・区別・特徴）
特殊・具体 一般・普遍
全体と部分

5 条件・仮定・予想

6 構造（形態）・関係・機能・還元

7 選択（効果・工夫）・変換

8 仮説・模式

9 関連・相関・連環・類推

10 相補

（西郷試案2の2）

【参考資料】子どもたちに育てたい「ものの見方・考え方」の系統案（認識の系統表）
文芸教育研究協議会 西郷竹彦会長による

認識の対象 ことば・表現・人間・ものごと

認識の方法 **ものの見方・考え方** ← わかり方（表し方）

認識の内容 本質・法則・真理・真実・価値・意味

認識の方法 ＋ **認識の内容** → **認識の内容**

関連・系統指導案（中学校・高等学校の中心課題）

1 多面的・全一的・体系的
1 多面的・多角的・多元的
2 全面的・全体的・大局的・総合的
3 全一的・統一的・統合的・概括的・総括的
4 体系的・系統的
5 複眼的（巨視的・微視的）・複合的・相補的

2 論理的・実証的・蓋然的
1 論理的（演繹的・帰納的・類推的）
2 合理的・整合的・合目的的
3 実践的・実証的・客観的
4 蓋然的・確率的・統計的

3 独創的・主体的・典型的
1 個性的・独創的
2 自己の対象化・相対化・客体化
3 主体的（主観と客観の統一）
4 典型的（個別・特殊と一般・普遍の統一）

4 象徴的・虚構的・弁証法的
1 矛盾的・力道的・弁証法的
2 象徴的
3 虚構的

（西郷試案2の2）

三

この教材をどう授業するか

授業計画

（教授＝学習過程）

《だんどり》

読み聞かせ・はじめの感想・・・・・・・1時間

《たしかめよみ》

一場面・・・・・・・・・・・・・・・1時間

二場面・・・・・・・・・・・・・・・1時間

三場面・・・・・・・・・・・・・・・1時間

四場面・・・・・・・・・・・・・・・2時間

《まとめよみ》

典型化・おわりの感想・・・・・・・・1時間

《まとめ》

感想の交流・・・・・・・・・・・・・1時間

（全8時間）

授業の構想

だんどり（1時間目）

ねらい

▼「題名読み」をして、題名の《仕掛》に気づかせ、読みの構えをつくる。
▼作品と出会い、はじめの感想をもたせる。

だい　たぬきの糸車

さくしゃ　きし　なみ

【たぬき】
人をばかす
いたずらをする

【糸車】
糸をとるどうぐ

授業の流れ（おもな発問）

・題、作者の確認

1 「たぬき」を知っていますか。

・どんな昔話に登場しますか。
・どんなたぬきですか。

2 糸車を知っていますか。

・糸車の映像を見せる。
・糸車は誰が使う道具ですか。

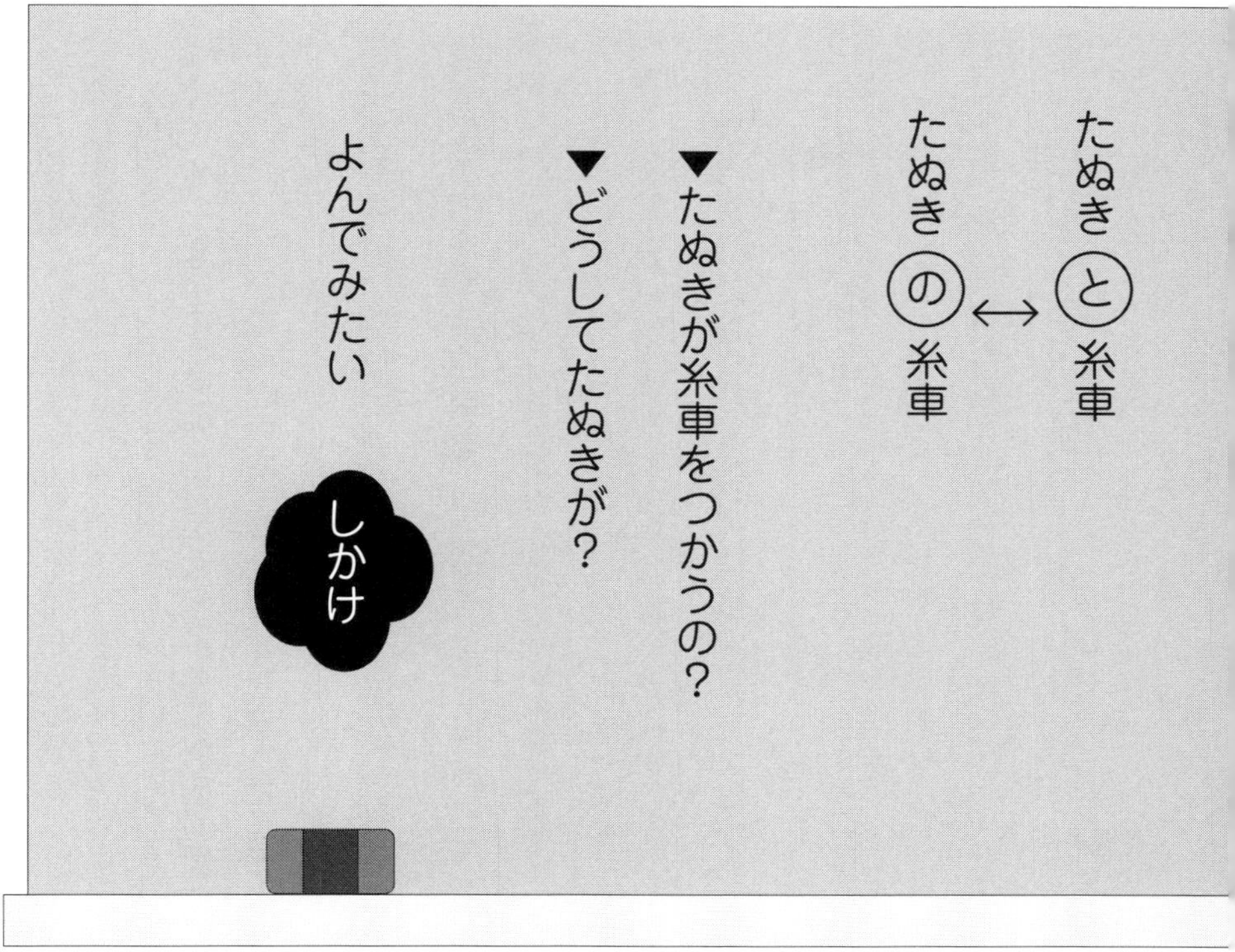

たぬき㋣糸車
↔
たぬき㋨糸車
▼たぬきが糸車をつかうの？
▼どうしてたぬきが？
よんでみたい
しかけ

3

題名からどんなことが分かりますか。

「たぬきと〜」と「たぬきの〜」のくらべ読みによって仕掛に気づかせる。

・読み聞かせ

・はじめの感想

民話に登場する「たぬき」と「糸車」のイメージをおさえることで、読みの構えを持たせよう。

一場面（2時間目）

ねらい

▼たぬきときこりのふうふの関係を過程的に見ることで、たぬきのいたずらの意味を考えさせる。

だい　たぬきの糸車

さくしゃ　きし　なみ

一ばめん

どんなたぬきでしょう。

・いつ…むかし
・どこで…ある山おく
　（山おくの一けんや）
・だれが…きこりのふうふ
・なにを…すんでいました

授業の流れ（おもな発問）

・はじめの感想の交流
・めあての確認
・音読

1 **書き出しから、何が分かりますか**

「いつ」「どこで」「だれが」「なにを」について整理する

2 **この場面は、どんなところですか。想像してみましょう。**

「山おくの一けんや」だから、すごくさびしい

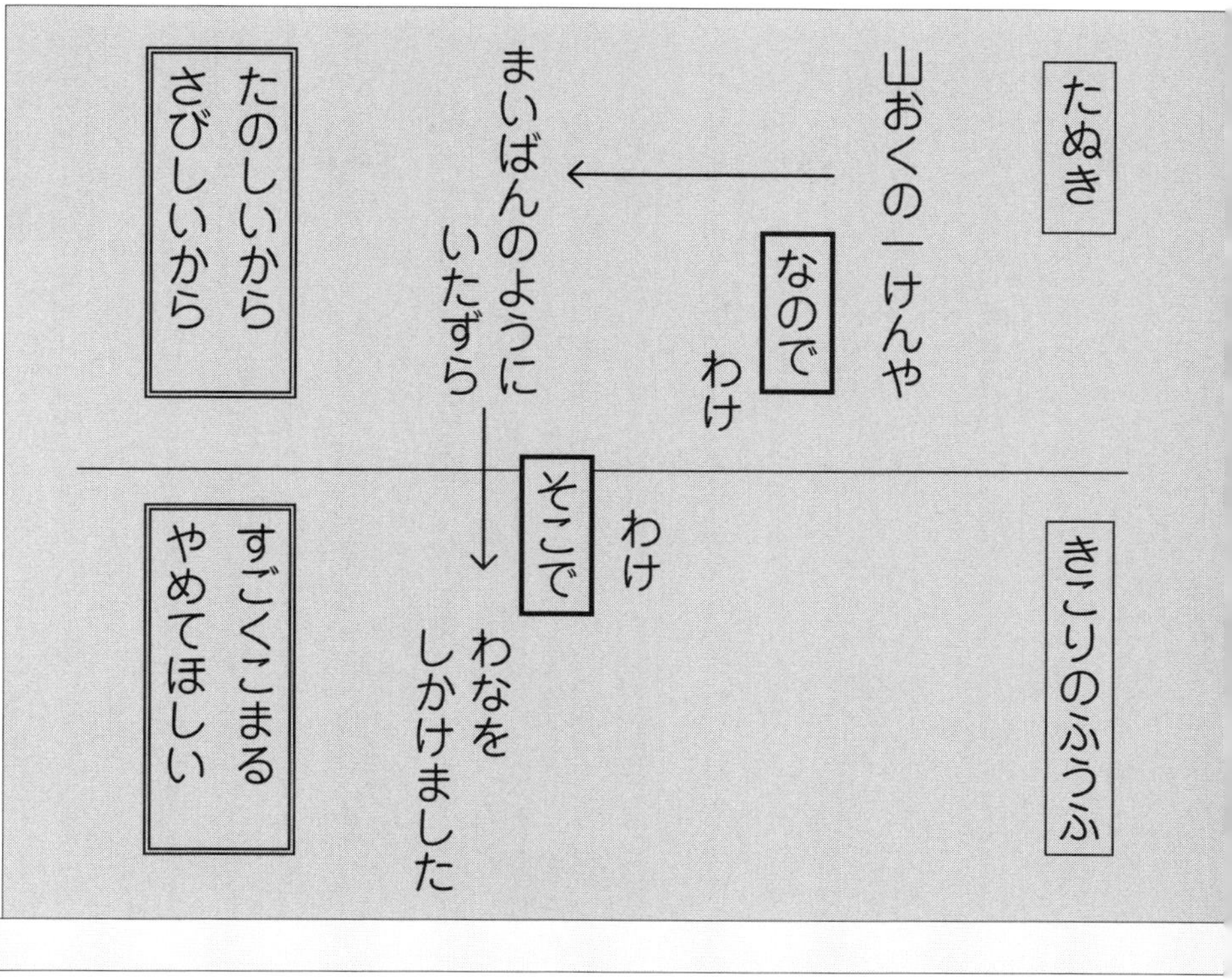

3 **たぬきは、なぜまいばんのようにやってきていたずらするのでしょう。**

「なので」（理由）に着目させる。

4 **きこりのふうふは、いたずらをどう思っているのでしょう。**

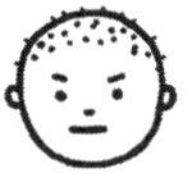

「そこで」（理由）に着目させる。

5 **読者のみなさんは、たぬきをどう思いますか。（ノートに書く。）**

二場面（3時間目）

ねらい

▼たぬきの行為を視点をふまえて類比することで、たぬきの行為の意味を考えさせる。

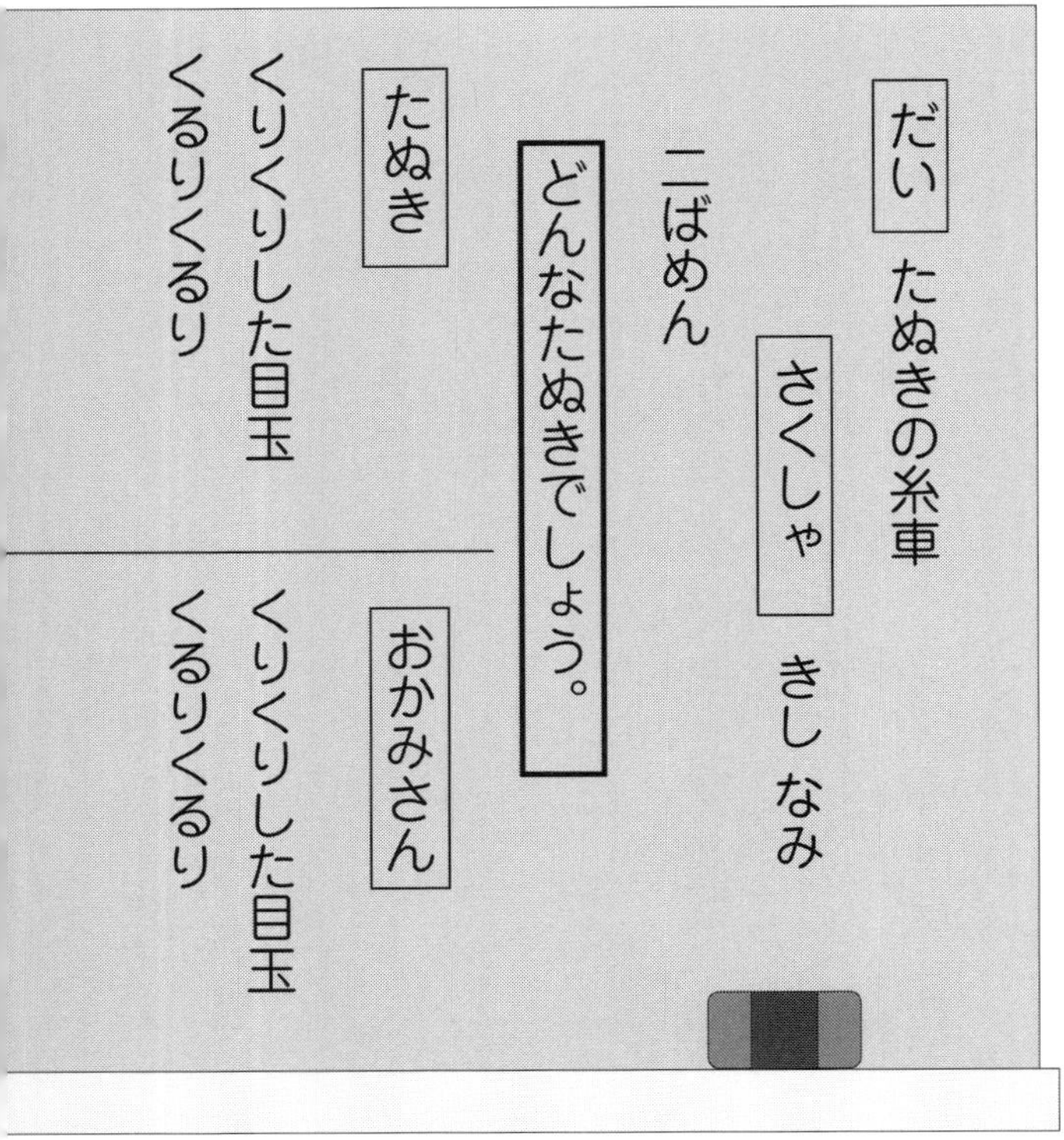
だい
たぬきの糸車
さくしゃ
きしなみ
二ばめん
どんなたぬきでしょう。
たぬき
くりくりした目玉
くるりくるり
おかみさん
くりくりした目玉
くるりくるり

授業の流れ（おもな発問）

・前時の確認
（「読者にとってのたぬき」の交流）
・音読

1 人物は、誰ですか。

「おかみさん」への呼称の変化をおさえる。

2 おかみさんにとっては、どんなたぬきですか。

視点をふまえ、声喩に着目（そのように見ているおかみさんの気持ちを考えさせる）

まいばんまいばん
糸車をまわすまね
糸車を見るのが
たのしい

おもわずふきだし
そうに
だまって糸車を
まわして
いたずらもんだが
かわいいな

三

3 

一場面との対比

たぬきにとっては、どうですか。

声喩に着目（動作化によってイメージ化）

4 読者のみなさんは、たぬきをどう思いますか。（ノートに書く。）

たぬきのようすについて、「たぬきにとっては」「きこりのふうふにとっては」それぞれの意味を読み取ろう。

三場面（4時間目）

ねらい

▼たぬきの行為を視点をふまえて類比することで、たぬきの行為の意味を考えさせる。

だい　たぬきの糸車

さくしゃ　きし　なみ

三ばめん

どんなたぬきでしょう。

たぬき

あるばん＝よる

（糸車をまわすよる）

わなにかかって

おかみさん

いつものたぬき

あのかわいいたぬき

かわいそうに

授業の流れ（おもな発問）

・前時の確認

（「読者にとってのたぬき」の交流）

・音読

1

おかみさんにとっては、どんなたぬきですか。

「いつもの」の意味を二場面との関わりで考えさせる。

「わなに」「わなになんか」のくらべ読みで、おかみさんの気持ちを読み取る。

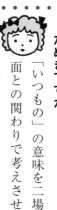

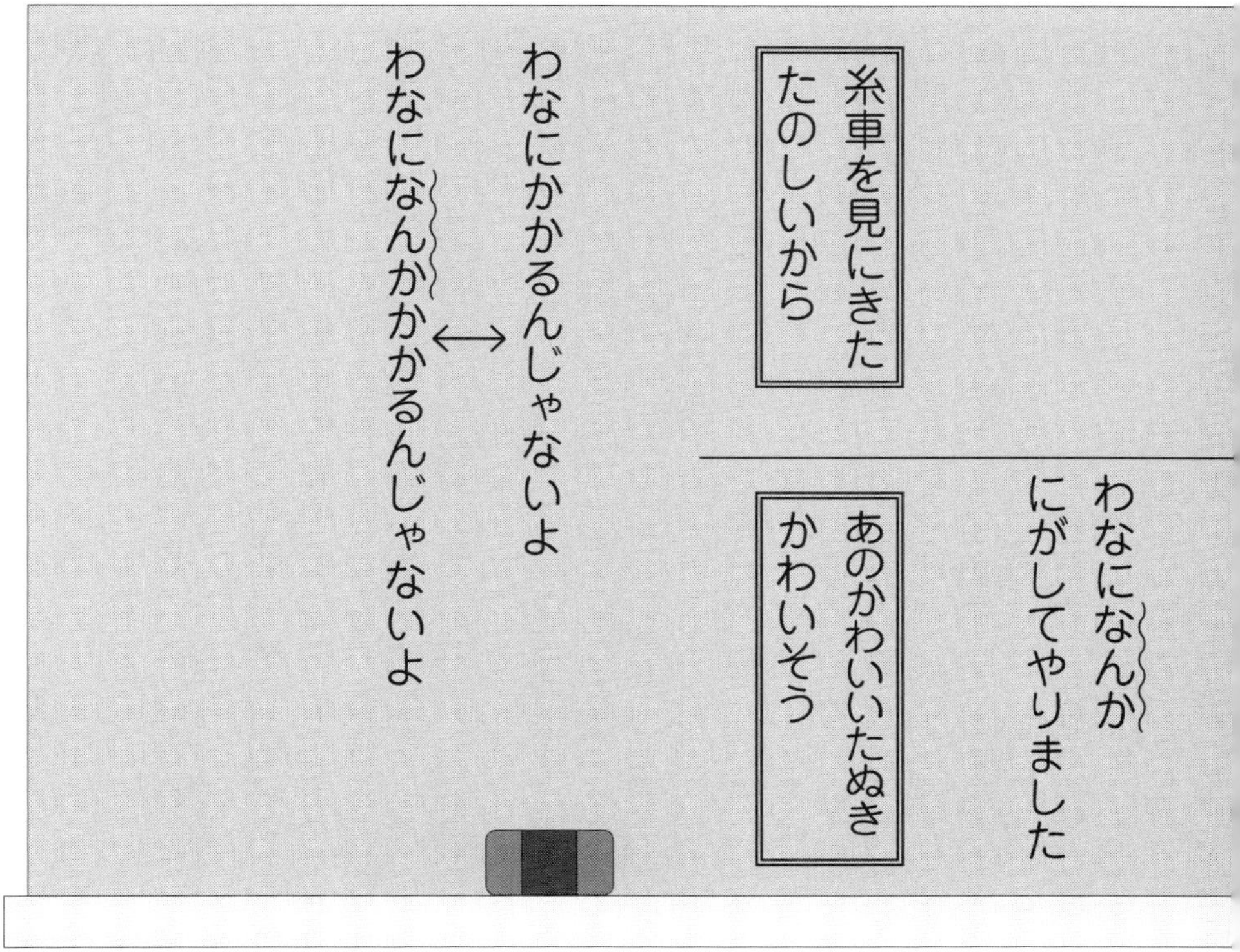

糸車を見にきた
たのしいから
わなになんか
にがしてやりました
あのかわいいたぬき
かわいそう
わなにかかるんじゃないよ
⟷
わなになんかかかるんじゃないよ

2 たぬきにとっては、どうですか。

・たぬきは、何をしに来たのでしょう。

「あるばん」のおさえ（二場面「まいばんまいばん」から類推させる。）

3 読者のみなさんは、たぬきをどう思いますか。（ノートに書く。）

たぬきが何をしに来たのか、この場面には書かれていません。二場面のようすから類推しよう。

四場面（5・6時間目）

ねらい

▼たぬきの行為を視点をふまえて類比することで、たぬきの行為の意味を考えさせる。

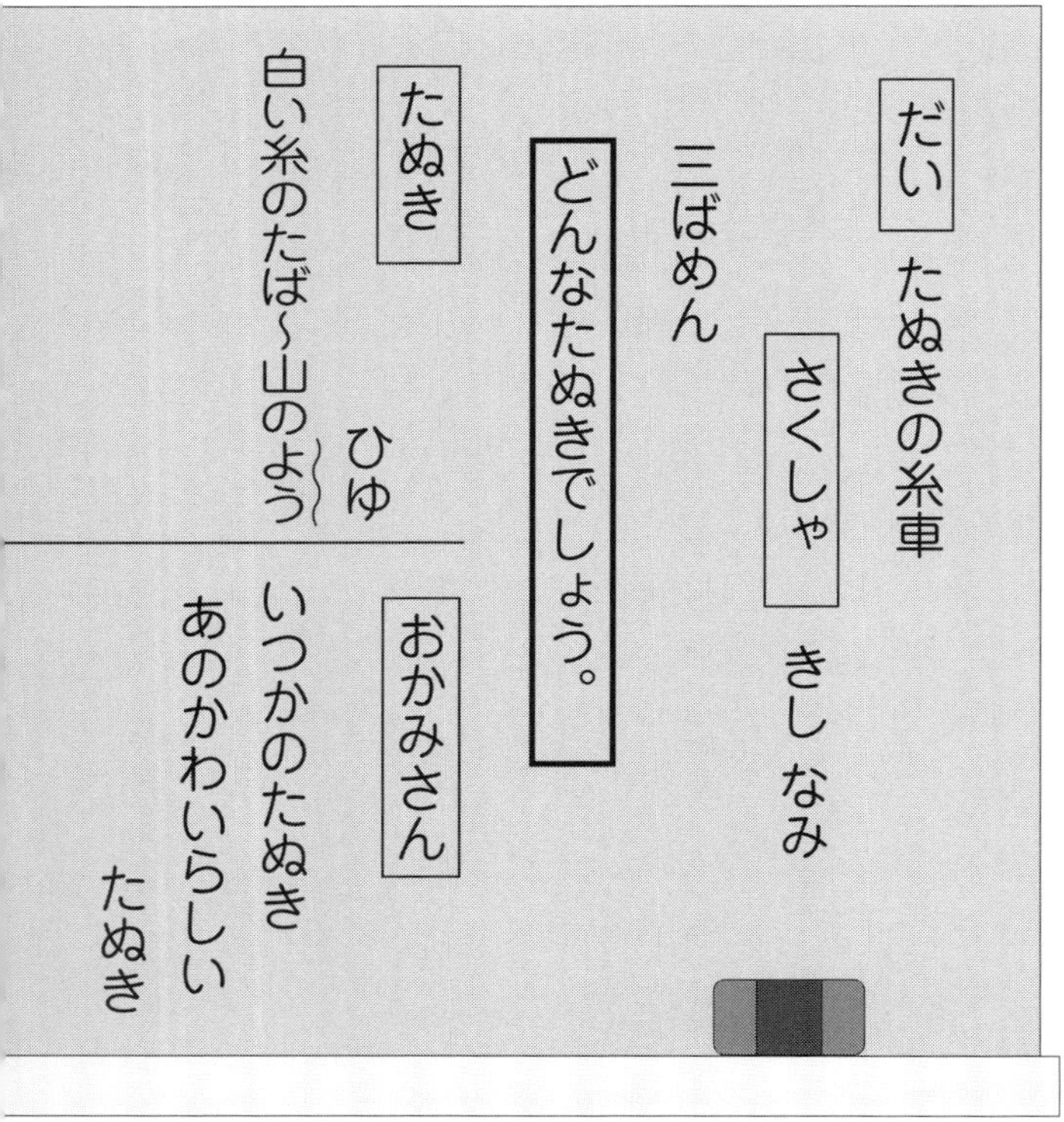

だい　たぬきの糸車
さくしゃ　きしなみ
三ばめん
どんなたぬきでしょう。
たぬき
白い糸のたば〜山のよう
ひゅ
おかみさん
いつかのたぬき
あのかわいらしいたぬき

授業の流れ（おもな発問）

・前時の確認

（「読者にとってのたぬき」の交流）

・音読

・冬の間のきこりの生活について確認する。

1

おかみさんにとっては、どんなたぬきですか。

「いつかの」の意味を二〜三場面との関わりで考えさせる。

声喩に着目

せいゆ
キーカラカラ
↕
ギーガラガラ
じょうずな手つき
おかみさんがしていた
とおり
ぴょこん
ぴょんぴょこ

たのしいから
やっている

じょうずな手つき
ぴょこん
ぴょんぴょこ

たのしそう
かわいらしい

三

2 **たぬきにとっては、どうですか。**

なぜそれほどまでに糸をつむいだのか理由を考えさせる

声喩に着目。

3 **読者のみなさんは、たぬきをどう思いますか。（ノートに書く。）**

！

冬の間のたぬきのようすは、この場面にはっきりは書かれていません。なぜそれほどまでに糸をつむいだのか理由を考えさせることで、類推しよう。

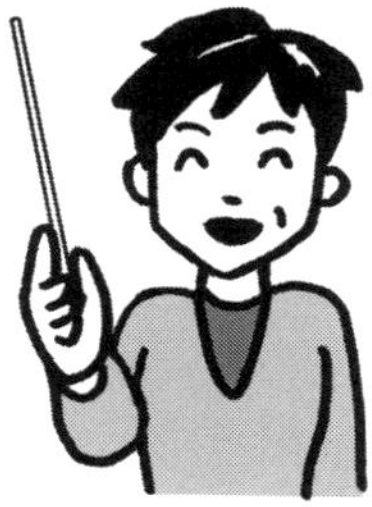

まとめよみ（7時間目）

ねらい

▼一場面と四場面とを比較することで、本質は同じでも相手との関係によって受け止めが変わることをとらえさせる。
▼自分の生活の中で、自分の言動が同じでも相手との関係によって相手の意味づけが変わったことはないか振り返る。

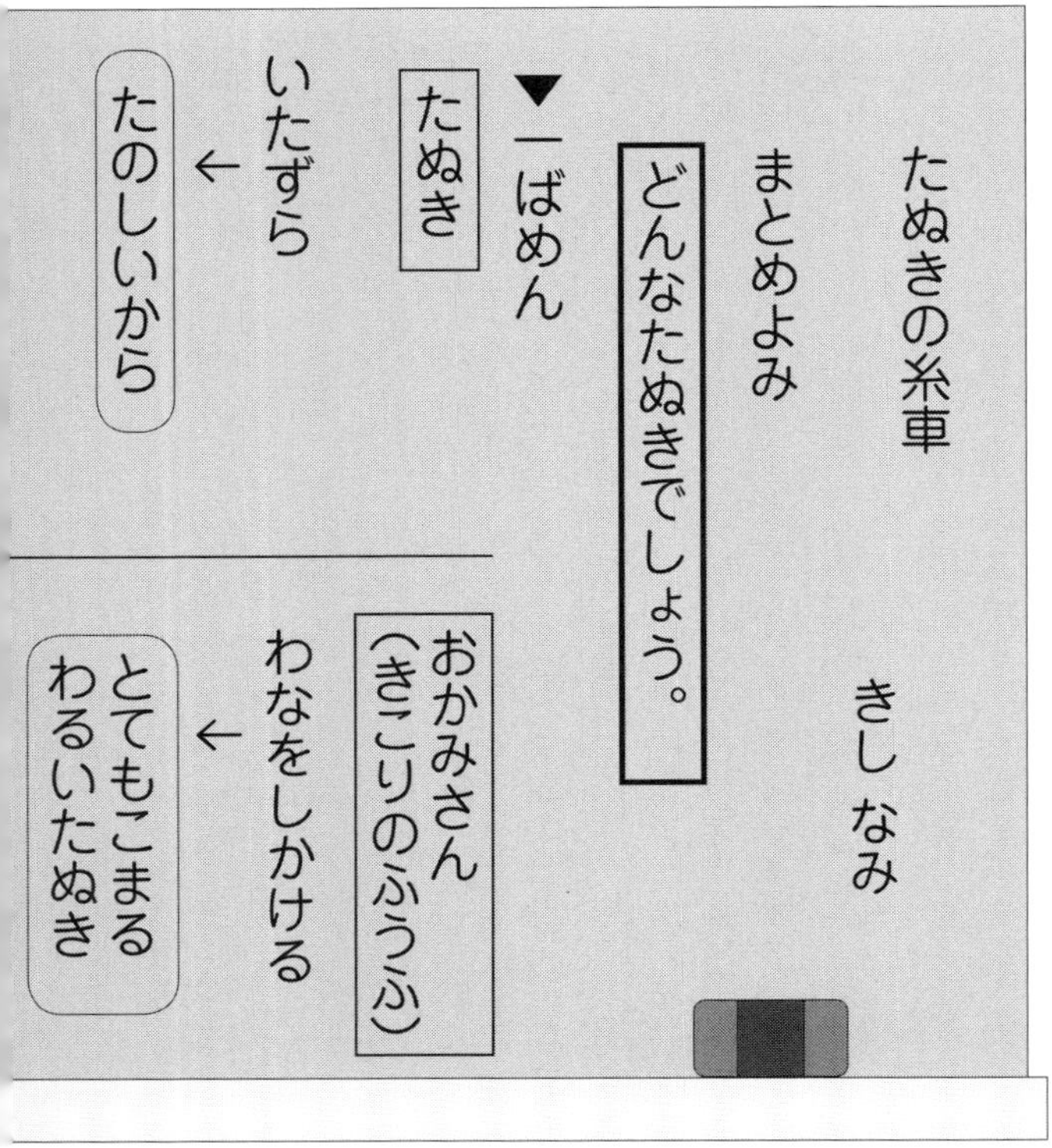
たぬきの糸車
きし なみ
まとめよみ
どんなたぬきでしょう。
▼一ばめん
たぬき
おかみさん（きこりのふうふ）
いたずら
←
わなをしかける
←
たのしいから
とてもこまるわるいたぬき

授業の流れ（おもな発問）

1 一場面と四場面のたぬきを比べてみよう。

・一場面は、どんなたぬきでしたか。（おかみさんにとって・たぬきにとって）
・四場面は、どんなたぬきでしたか。（おかみさんにとって・たぬきにとって）
・一場面と四場面を比べて、たぬきは変わりましたか。

↔ おなじ

▼四ばめん

たぬき

いたずら

←

たのしいから

↔ かわった

おかみさん（きこりのふうふ）

わなをしかける

←

かわいいたぬき

おなじことをしていても、あいてによってかわってくる。

◎じぶんのせいかつの中で

2 **たぬきは変わっていないのに、おかみさんにとってのたぬきの姿が変わったのはどうしてですか。**

3 **自分たちの生活の中で、同じようなことがなかったか、振り返ってみよう。**

・悪いことをしたつもりがなくても怒られてしまったことは。

・いいことをしたつもりがなくてもほめられたことは。

たぬきの姿を自分たち（一年生）と重ね合わせて考えます。作品の世界を自分たちにつながる世界として読むことを《典型をめざす読み》といいます。

まとめ（8時間目）

これまでの授業をふりかえり、
みんなで感想を話したり、
ひとの感想をきいたり、また、
そのあと自分の考えがかわったか、などなど。

図書室には、たぬきの出てくる『かちかちやま』や『たぬきむかし』の本もありますよ。

・感想の交流
たぬきの
やったことは同じなのに、
わるいことだったり、
いいことだったり
するなんてわかったとき、
びっくりしたよ。
見てると
おもしろそうだから、
お手伝いしたら、
先生に『ありがとう』って
言われたよ。

四

授業の実際

四

だんどり（1時間目）

ねらい

▼「題名読み」をして、題名の《仕掛》に気づかせ、読みの構えをつくる。

▼作品と出会い、はじめの感想をもたせる。

プロセス

題名の役割として「読者が表現されている内容の見当をつけることができる」「読者が興味をもって読みたくなる仕掛がある」の二つが考えられます。まず、題名を示しました。そして、「たぬき」「糸車」について確認し、内容の見当をつけていきます。

●「たぬき」のイメージ

T1　―たぬきが出てくるお話って、いろいろとありますね。どんなお話がありますか。

ポイント

この作品に登場するたぬきのイメージとつなげるために、民話に登場するたぬきについてイメージを確認していきます。

優梨子　「ぶんぶくちゃがま」なら知ってる。
祐樹　「かちかち山」があります。
T2　それは、どんなたぬきですか。
祐樹　悪いことをする。
愛奈　いじわる。
圭一　人をだまして、人のものを勝手に持って行っちゃう。
結衣　たぬきって化けれるんだよ。
T3　むかしのお話に出てくるたぬきって、人を化かしていたずらしたり、悪いことをしたりしますね。

●「糸車」とは？

T4　「糸車」って知ってますか。

C　知ってる。
C　糸の車でしょ。
C　見たことあるよ。
T5　本物は持ってくることができなかったんだけど、ビデオ撮ってきましたので、見てくださいね。

> **ポイント**
> 糸車は子どもたちにとってなじみのないものですから、実物か映像を見せることで、お話をイメージできるようにするとよいでしょう。

T6　糸車っていうのは、糸をつむぐための道具ですね。誰が使うんですか。
祐樹　人です。
優梨子　むかしの人間だよ。
祐樹　何でたぬきが…

●題名の《仕掛》に気付かせる

T7　さて、題名を見て、どんなことが分かりますか。
圭一　たぬきが、糸車を使っている気がする。たぬきがね、さっきやってたみたいに糸を作っている感じがする。
祐樹　なんで、たぬきの糸車なのかなって思う。何でたぬきが糸車を持ってるのか。
T8　人が使う道具ですから、どうしてたぬきの糸車なのか、気になりますね。
圭一　たぬきが糸車なんだよ。
C　えー、違うよ！
C　たぬきが糸車になっちゃうの！
T9　題名は、「たぬきが糸車」ではなくて「たぬきの糸車」ですよね。
圭一　あ、分かった。「たぬきが糸車」だったら、たぬきが糸車になるおはなしだけど、「たぬきの糸車」だから。
T10　なるほど。「の」っていう言葉が大事ですね。
（「たぬきが糸車」「たぬきと糸車」「たぬきの糸車」を板書）

四

ポイント

「たぬきと～」と「たぬきの～」のくらべ読みをすることで、人が使う道具である糸車をたぬきの所有物のように言う題名の《仕掛》を明らかにします。

祐樹　「たぬきが…」だったら、たぬきが糸車になっちゃう。「たぬきと…」だったら、たぬきと糸車は別々だけど、「たぬきの…」だったら、たぬきの持ってる糸車。人間の糸車がたぬきの糸車になっちゃう。

圭一　今思ったんだけどね、何でたぬきが糸車を持ってるのかな。服を作ろうとしてるのかな。

祐樹　それは読んでみないと分からないよ。

T11　どんなお話かなって気になりますね。

C　仕掛。

T12　《仕掛》ですね。この題名も、どうしてかなって思って、読んでみたいと思う《仕掛》のある題名になっていますね。

プロセス

この後、作者の確認をして、はじめの感想を書きました。

◎はじめの感想

●わながかかったときにたすけたからおれいした。さいしょはたぬきはみてるだけで、でもわなにはいったときにはおかみさんがたすけて、たぬきはおれいにして、やさしいたぬきだ。（圭一）

●おかみさんはやさしいね。さいしょのたぬきはいたずらばかりしてたけど、さいごは糸車で糸をあむなんて、きっとおれいをしたかったんだね。（優梨子）

●おかみさんはとてもたぬきにやさしいから、たぬきもうれしいのかな。だからおれいに糸をまいたのかな。わるいたぬきがやさしいたぬきになったんだね。（愛奈）

●たぬきがあんなことをするなんて。しかもさいしょはわるいたぬきだったのに！いいたぬきになった！だって糸車をやってたから。どうしてやったのかな。りゅうはわかりません。（結衣）

●おかみさんが、わなにかかったたぬきをたすけるなんてやさしいな。さいしょのたぬきはいたずらばかりでわるいたぬきだった。でもさいごのほうでたぬきが糸をつくってやさしいたぬきになった。おかみさんはわなにかかったたぬきをたすけて、なんかおたがいにやさしいな。

（祐樹）

ポイント

はじめの感想は、大きく二つに分けられます。

「①たぬきがおかみさんに恩返しをした（〜〜線部）」

「②わるいたぬきがいいたぬきに変わった（══線部）」

このあと、「どんなたぬきか」というめあてで読み進めていくことで、〈たぬき〉の《性》と《相》についての気づかせ、①と②の2点について考えていきます。

四

一場面（2時間目）

ねらい

▼たぬきときこりのふうふの関係を過程的に見ることで、たぬきのいたずらの意味を考えさせる。

プロセス

まず、場面の状況について、「いつ」「どこで」「だれが」「何を」しているのか、書き出しの文を読んで整理しました。そこから、場面のイメージを話し合います。

●「山おくの一けんや」をイメージする

T1　この場面を読んで、ここがどんなところか、想像してみてください。

愛奈　しずか。〈山おくの一けんや〉だから、周りには何にもないから、だから静かだと思いました。

圭一　さびしい。山おくに一軒だけぽつんと家があって、周りに何にもなくって、圭一ん家は二軒だけど一軒だけぽつんとあって、さびしい。

結衣　たった二人だから、かわいそう。他に誰もいない。

優梨子　山おくだから、たぬきが出てくる。

T2　たぬきが出てくるくらい山おくだってこと。みんなのお家の周りにも動物がいっぱい出てきますね。

優梨子　鹿とか、きつねとか。

愛奈　熊も出てくる。

T3　このお家も、山おくにあって、いかにもたぬきとか動物が出てきそうですね。

●なぜ、まいばんのようにいたずら？

祐樹　先生。思ったことある。〈まいばんのように〉ってあるから、毎日でしょ。だから、なんでこのきこりのお家に毎日出てくるのかな。

優梨子　〈いたずらをしました〉って書いてある。

祐樹　なんでいたずらをしたの？

T4　たぬきは、何でまいばんのようにやってきていたずらをしたのか。みんなで考えてみましょう。では、〈山おくの一けんや〉からの文を読んでください。（音読）

圭一　ご飯食べたかったのかな。

祐樹　〈山おくの一けんやなので〉って書いてあるから。

T5　そう。〈なので〉という言葉が大事ですね。〈なので〉というのは、《理由》を表す言葉ですから、山おくの一けんや〈なので〉まいばんのようにやってきていたずらをしたんです。

ポイント

理由を表す言葉をおさえることで、場面のことがらを過程的にとらえさせます。

T6　山おくの一けんやだと、なぜまいばんのようにやってくるのでしょう。

結衣　〈山おくの一けんや〉でしょ。一つだけぽつんとあって、下の絵を見ると、夜だし、光ってるでしょ。だから、周りに何にもないところで、何があるのかなって気になる。

優梨子　昼だったら光ってないから気にならない。

圭一　気になって、いたずらをする。

結衣　〈まいばん〉だから、すっごい気になってるんだ。くらーい山の中だし、周りに何にもないし。

祐樹　きこりのふうふは二人いるでしょ。だんなさんとね。だけど、たぬきは一匹しかいないから、さびしいし、こわいし、明るいところにくるんだと思う。

圭一　きこりがわなをしかけたでしょ。そんなにたくさんいたずらをした。

愛奈　山おくにぽつんと一匹だけいて、友だちがほしい。

優梨子　山おくの一けんやで、さびしくて、友だちがほしい。遊びたくて、おもしろそうだなと思って行ってる。

圭一　何かなって気になるから。

T7　気になっただけなら、一回で終わるだろうね。でも、まいばんのようにいたずらしたのは、なぜでしょう。

ポイント　〈まいばん〉という言葉から、旺盛な好奇心を持っているたぬきの人物像をおさえます。

祐樹　気になるから行ってみて、おもしろかったから、また行っていたずらした。

結衣　〈まいばん〉だから、すっごいおもしろかった。

T8　いたずら好きのたぬきですから、山おくの一けんやがよっぽどおもしろかったんでしょうね。みなさん、たぬきがいたずらしてしまう気持ちは分かりますか。

C　はい。

●きこりのふうふにとってのたぬき

T9　では、まいばんのようにいたずらをされて、きこりはどうしましたか。
優梨子　わなを仕掛けた。
T10　どうして、わなを仕掛けたのでしょう。
愛奈　いたずらをされて困っているから。
祐樹　〈まいばんのように〉やってくるから、すごくこまっている。
圭一　せっかく作ったものも壊される。
優梨子　せっかく作ったのに。
T11　いたずらをされたら、困りますよね。しかも、〈まいばんのように〉ですからね。〈そこで〉という言葉も、理由を表す言葉ですよ。だから、わなを仕掛けたのですね。

ポイント

理由を表す言葉をおさえることで、場面のことがらを過程的にとらえさせます。

T12　きこりのふうふはたぬきをどう思っているのでしょう。
結衣　悪いたぬきだと思っている。
愛奈　がんばって木を切ったのにいたずらされて、すごくこまっているから、やめてほしいと思っている。
T13　さっき、みんなは、いたずらをするたぬきの気持ちが分かるって言ってたけど、きこりのふうふにとっては困ることなんですね。たぬきにとっては、山おくにいて、いたずらが楽しくてやってしまう。でも、きこりのふうふにとってはわなを仕掛けるほどに困ったことなんですね。では、皆さんにとっては、このたぬきはどんなたぬきだと思いましたか。書いてください。

◎感想（一場面）

●きこりは、がんばってきをきったりしたのに、たぬきはそれをぼろぼろにしたのかな。わなを

しかけるぐらいきこりのふうふはこまっているから、かわいそう。（愛奈）

●たぬきがすっごくこまるいたずらをしている。でも、わざわざまいにちきてするなんて、たのしいきもちがつたわるよ。（結衣）

●たぬきがいたずらをしてきこりのふうふのものをいたずらするのはだめだと思いました。でも友だちがほしくていっしょにあそびたかったのかなと思いました。（祐樹）

四

二場面（3時間目）

ねらい

▼たぬきの行為を視点をふまえて類比することで、たぬきの行為の意味を考えさせる。

プロセス

まず「きこりのふうふ」から「おかみさん」への呼称の変化を確認しました。
そして、おかみさんがたぬきをどう思っているか分かるところに線を引きました。

●おかみさんにとってのたぬきの姿

T1　おかみさんがたぬきをどう思っているのか、分かるところを発表してください。

圭一　〈くりくりした目玉〉だから、かわいいな

優梨子　とおもってる。

T2　くりくりだからかわいいってこと。くりくりっていう《声喩》はかわいらしい感じがしますね。おかみさんがかわいいと思って見ていることが分かりますね。

ポイント

視点人物はおかみさんですから、声喩からも、そのように見て感じているおかみさんの気持ちが分かります。

祐樹　糸車をまわすまねをするたぬきのかげがうつりましたってあるから、それがおもしろくてふき出しそうになった。

圭一　たぬきは、糸車をまわすまねがおもしろくなったのかな。

祐樹　たぬきがいっしょに糸車をまわすまねをしているから、こんな感じでね（動作化）、おかみさんはいっしょにやってておもしろいなって思っている。

優梨子　おかみさんは、見てて、おもしろくてかわいいなって思っている。

結衣　〈二つの目玉もくるりくるりくるり〉のところで、くるりくるりだから、かわいいなって思っている。

T3　〈くるりくるり〉っていうのも声喩ですね。〈くるりくるり〉って、ちょっとやってみてごらん。

C　（動作化）

T4　お友だち見て、どうですか。

C　おもしろい。

ポイント

動作化をさせて友だちの様子を見ることで、声喩のイメージをつかませます。

祐樹　〈だまって糸車をまわしていました〉のところはね、たぬきがかわいいから、もっと見ていたいなと思って、おどろかさないようにだまって回してた。そうじゃなかったらもうやめちゃう。

結衣　たぬきがびっくりして逃げちゃうかもしれ

圭一　ないから、だまって回してた。いきなりこっち向くと逃げちゃうかもしれないから、もっと見ていたいから、黙ってた。

T5　どうして、「いたずらもんだがかわいいな」とおかみさんは思ったのでしょう。おかみさんは、わなを仕掛けたきこりのふうふのおかみさんのことですよ。

結衣　いたずらされて困ってたのに。

圭一　でも、ここではいたずらをしてないから、かわいい。

祐樹　前はいたずらをしていたけど、今は糸車をまわすまねをしているから「いたずらもんだがかわいいな」って思ってる。

結衣　ふつうの人だったらいたずらされたたぬきを見つけたら嫌だなって思うけどね、おかみさんはやさしいから嫌だって思わないでかわいいなって思っている。

T6　おかみさんにとってのたぬきの姿は、一場面の時とは変わりましたね。

●たぬきにとっては？

T7　では、たぬきはどうでしょうか。

結衣　たぬきは、糸車をまわすのを見に来ている。

優梨子　おもしろそうだなあと思って見に来ていて、まいばん見に来ている。

祐樹　たぬきは山おくでさびしくて、おもしろいことを見つけたから、まいばん見に来ている。

結衣　前はいたずらがおもしろくてまいばん来てて、今は糸車がおもしろいからまいばん来てる。

T8　さっきの《声喩》のところから、たぬきのこと分かりませんか。〈くりくり〉と〈くるりくるり〉ってありましたね。

祐樹　〈くりくりした目玉が〉のところでね、くりくりだからすごく一生懸命見てる。それだけ糸車がおもしろいって思ってる。

T9　〈くりくりした目玉〉って、どんな形ですか。ちょっとやってみてごらん。

C　（動作化）

優梨子　目を大きく開けて、一生懸命見てる。

圭一　おもしろいから。

祐樹　あと、〈くるりくるり〉っていうのも、おもしろくて一生懸命見てるから、糸車に合わせて目も動いちゃう。

T10　それだけ糸車が楽しかったんですね。だから毎晩やってきて回すまねをしているんですね。一場面と比べてどうですか。

C　変わってない。

T11　一場面は、いたずらが楽しくて毎晩やってきて、二場面では糸車が楽しくて毎晩やってきたんですね。

では、みなさんはこのたぬきの姿を見て、どう思いましたか。書いてください。

◎感想（二場面）

●たぬきはたのしいことがすきなんだね。いたずらをされてもおかみさんはたぬきをかわいがっている。たぬきはいたずらをしておかみさんをこまらせているけど、おかみさんはやさしいの。（優梨子）

●おかみさんの糸ぐるまのまねをして、たぬきはかわいいな。糸車のまねをするたぬきなんてめったにいないから。たぬきも糸車のまねが楽しくなってきたから、いたずらはもうどうでもよくなったのかなと思った。（祐樹）

三場面（4時間目）

ねらい
▼たぬきの行為を視点をふまえて類比することで、たぬきの行為の意味を考えさせる。

プロセス
音読をした後、おかみさんがたぬきをどう思っているか分かるところに線を引きました。

●おかみさんにとってのたぬきの姿

T1　では、おかみさんがたぬきをどう思っているのかが分かるところを発表してください。

圭一　なんで「かわいそうに」って言ったかというと、かわいいたぬきだと思っているのにわなにかかっていたから、たぬき汁にされたらかわいそうだと思っているから逃がしてあげた。

結衣　「かわいそうに」のところでね、今まで毎晩糸車をまわしているときに一生懸命見に来ていてかわいいから、かわいそうと思って助けてあげた。

T2　その前のところでは、どうですか。

優梨子　〈いつものたぬきが〉って書いてある。

T3　〈いつものたぬき〉って、どういうたぬきですか。

ポイント
「いつもの」という言葉に着目させることで、二場面のたぬきとイメージをつなげます。

優梨子　いつも糸車を見に来ていたたぬき。

結衣　いつもたぬきが、毎晩毎晩糸車を一生懸命見に来ていた。おかみさんにとってはね、なんか、かわいいっていうたぬきだった。

T4　ただのたぬきではなくて、〈いつもの〉たぬきですからね。

四

結衣　〈いつもの〉ってそこなくしたら、行ってみたら、〈たぬきがわなにかかっていました〉ってなって、何のたぬきだって思う。〈いつもの〉かわいいたぬきだから助けてあげた。

祐樹　「わなになんかかかるんじゃないよ」っていうところはね、さいしょはいたずらに困ってわなを仕掛けたんだけど、もうわなはいらないって思っているから、「わなになんか」って言ってる。

T5　なるほど。「わなになんか」って言っていますね。（「わなにかかるんじゃないよ」「わなになんかかかるんじゃないよ」板書）

T6　この二つ比べてみてください。どうですか。

結衣　わなにかかっちゃだめだよって一生懸命教えてあげているみたい。

祐樹　「わなになんか」っていうと、もうずっとかかんないでねって言っているみたいで、すごくやさしくて、たぬきのことを心配している。

圭一　「わなになんか」って言うとね、もうずっとかかんないでねって一生懸命言ってる。

T7　そうですね。「わなになんか」って言うとたぬきを心配する気持ちが強く感じますね。他のところでは、どうですか。

優梨子　〈たぬきをにがしてやりました。〉って、たぬきがかわいそうで逃がしてあげた。

圭一　おかみさんはやさしい心を持っていてね、かわいそうだから逃がしてあげた。

結衣　毎晩来ていたし、まねをするのがかわいいって思っていたから、わなにかかっていたらおかみさんも安心しないし、はずしたらこれからもかわいい姿を見ることができるから。

優梨子　これまでずっと糸車の回すまねをしてかわいかったから、これからもずっと見たいって思う。

結衣　これからもずっと目をくるりくるりさせてかわいくいてねって思っている。

●たぬきにとっては？

T8　では、たぬきはどうでしょう。たぬきはここに何をしに来たのですか。

結衣　糸車がおもしろいから、また見に来た。

優梨子　糸車がおもしろいから､ずっと毎日来てた。

祐樹　〈あるばん〉ってなってるでしょ。毎晩まいばん見に来てて、わなにかかったのもばんだから、また糸車を見に来てた。

ポイント

事件が起きたのは「ばん」であることから、毎晩まいばん見に来ていた二場面のたぬきのイメージとつなげ、糸車を見に来ていたのであろうと類推します。

T9　三場面のたぬきの姿は、たぬきにとってはどういうことだって分かりましたか。

結衣　一つは、おもしろいってこと。おもしろいからまた見に来た。

圭一　こんなにおもしろいものを見せてくれてありがとうって感じ。

結衣　いたずらっこだから、おもしろくていっつも見に来てるの。

圭一　前は何回も見に来てるから、何回も何回も何回も見て、おもしろいっていう気持ちがいっぱい。「おおきなかぶ」と一緒。

T10　では、三場面のたぬきを皆さんはどう思ったか書いてください。

◎感想（三場面）

●いたずらして、でもどんどんおもしろくなって、たぬきもたのしそう。たぬきがわなにはいったときにたすけてわなになんかかかるんじゃないよっておかみさんがいって、わなになんかかっていったのがやさしかった。（圭一）

●よんでいくごとにたぬきがどんどんかわいくなってくる！それは、さいしょはいたずらっこだけど、つぎは糸車をまわすまね、さいごはまた見にきてキャーっていうこえ。かわいい。（結

衣）

●わなにひっかかったたぬきをたすけてあげるなんてやさしいな。おかみさんは一生ひっかかるんじゃないよってはなしてあげたみたいでやさしいな。かわいいたぬきをもっと見たいって思ったのかな。（祐樹）

四場面（5・6時間目）

ねらい

▼たぬきの行為を視点をふまえて類比することで、たぬきの行為の意味を考えさせる。

プロセス

【一時間目】

四場面は長いですので、前半（「じょうずな手つきで、糸をつむいでいるのでした。」まで）と後半（「たぬきは、つむぎおわると、」から）に分けて読みました。

一時間目は、前半を読みました。音読の後、冬の間のきこりの生活について確認します。そして、たぬきのようすについて、たぬきにとっての意味が分かるところに線を引き、発言を促しました。

●たぬきにとっては？（前半）

T1　では、発表してください。

祐樹　〈じょうずな手つきで〉っていうところで、にようーく見てたって感じがする。やりたいから勉強してたんだなって分かる。だから、目玉をぐりぐりさせて、くるりくるりとさせて見ていた。

T2　じょうずにっていうことは、それだけやりたいっていう気持ちがあって、一生懸命に見てたっていうことなんだね。

結衣　〈白い糸のたばが、山のように〉っていうところで、そんなにたくさんの糸ができるんだから、やり方をちゃんと見て、覚えてたっていうこと。

優梨子　山みたいに大きくなるぐらいいっぱいつくった。そんなにやりたかったんだなって分かる。

結衣　〈山のように〉だから、そんなにがんばって一生懸命やったんだって分かった。

祐樹　いたずらっ子なんだよ。楽しいことじゃないとやらないんだから、そんなにたくさんできるまで、楽しんでやってた。

優梨子　〈じょうずな手つきで〉っていうところで、上手にできるのは、ちゃんと見てただけじゃなくて、ずっとやってたからじょうずになった。

圭一　二場面で毎晩見に来てたから、冬のあいだも毎晩来てやってた。

祐樹　〈いつもおかみさんがしていたとおりに〉っていうところは、おかみさんのやり方をちゃんとおぼえられるぐらい一生懸命に見てたってこと。楽しいことだったから、それだけ一生懸命に見ておぼえた。

T3　楽しそうなことだったから、おかみさんのやり方をちゃんと見てたんですね。

結衣　おかみさんのやり方をよく見てたって分かる。おかみさんのやり方をよく見てたから、おかみさんがしていたとおりにできた。

祐樹　〈ほこりだらけのはずの糸車〉ってところでね、ほこりだらけのはずのってことは、ほこりだらけじゃないってことだから、糸車を使ってなかったらほこりだらけになるから、ずっと糸車を使ってたってこと。

T4　〈ほこりだらけのはず〉ってことは、ほこりだらけじゃないんですね。

優梨子　やりたかったからずっと使ってたんでしょ。

祐樹　この〈キーカラカラ〉って音は、おかみさんと同じ音になってる。ちゃんと見てなかったら、「ギーガラガラ」って違う音になってると思うから、同じ音がするってことは、おかみさんと同じやり方でやってるってこと。

T5　声喩からも分かるんですね。ちゃんとやっているから、きれいな音がするんだね。

祐樹　楽しいから。楽しくやってるの。たぬきはずっと楽しいからやってる。

プロセス

その後、おかみさんがたぬきの姿に気づく過程を確認しました。そして、おかみさんにとってのたぬきの姿が分かるところに線を引き、発言を促しました。

●おかみさんにとってのたぬきは？（前半）

T6　では、発表してください。

祐樹　〈じょうずな手つき〉だからね、おかみさんはすごいなって思っている。

優梨子　〈いつかのたぬき〉っていうのは、前、糸車のまねをしていたときのかわいいたぬきのこと。

祐樹　茶色いしっぽが見えたときにも、あのたぬきだったらいいなあって思っているかもしれない。

T7　おかみさんは、たぬきを、なんかいいなあって、すごいなあって思っているんですね。

プロセス

【二時間目】
四場面後半部分の音読の後、たぬきのようすについて、たぬきにとっての意味が分かるところに線を引き、発言を促しました。

●たぬきにとっては?（後半）

T8　では、発表してください。

圭一　〈うれしくてたまらない〉ってかいてあるから、たぬきはうれしかった。おかみさんに見られたからうれしくてはずかしくて、でも、糸車をまわしてたからおもしろかったからうれしかった。

祐樹　〈たぬきは、ぴょこんとそとに〉のところで、ぴょこんだから、なんか楽しそうに下りてる感じがする。糸車をずっとやってて楽しかったから。

結衣　〈おどりながらかえっていきましたとさ〉だから、楽しくて、やめられないっていう感じで踊ってたと思う。

T9　そんなに楽しかったんですね。

祐樹　たぬきのところは、今までやったところ、全部楽しいからってなってるよ。

圭一　この絵見たら、ほっぺ赤くなっている感じがする。

祐樹　〈ぴょんぴょこ〉っていう声喩も、楽しそう。

●おかみさんにとってのたぬきは?（後半）

T10　では、おかみさんにとって、たぬきはどうですか。

圭一　おかみさんは、たぬきをかわいいと思ってる。

祐樹　〈ぴょんぴょこおどりながら〉っていうのはね、おかみさんはたぬきが楽しそうだなって思ってる。

結衣　〈ぴょんぴょこ〉ってね、祐樹くんが言ったところでね、そこはたぬきがはねてるかんじで、かわいいと思ってる。

圭一　おかみさんはね、たぬきはうれしかったんだなって思ってる。前はいたずらって思ってたけど、今はうれしかったんだなって思ってる。

祐樹　〈ぴょんぴょこ〉って楽しそうだから、かわいいなって思っている。

結衣　〈うれしくてたまらない〉って、〈たまらない〉ってうれしさが我慢できないんだなって、おかみさんも思ってる。

祐樹　〈ぴょこん〉っていう下り方もかわいい感じって思ってる。

優梨子　〈ぴょこん〉ってとび下りたり、〈ぴょんぴょこ〉おどりながらかえったり、なんかうれしそうだなっておかみさんは思ってる。

T11　おかみさんがたぬきをそんなふうに見ているということですね。

圭一　楽しいし、かわいらしいし、子どもみたいでなんかかわいい感じ。

T12　では、四場面のたぬきは、みなさんにとってはどんなたぬきに見えますか。書いてください。

◎感想（四場面）

●たぬきはいたずらしてたけど、こんどは糸車をまわすのがたのしくなっていたずらしなくなったから、うれしかった。いたずらしなくてもたのしくて、もうおかみさんがこまんなくて、ぼくもこまんなくてよかった。（圭一）

●たぬきがかわいいし、すごく糸車がたのしくて、すごくやりたかったんだね。ぴょんぴょこおどっていたから、子どもみたいだから、あそんでいるようでかわいい。（優梨子）

●たぬきは、糸車をやっていてたのしかったーっていうきもちがすごくつたわってくるよ！おはなしよんでたらゆいもたのしくなってきたぞ！たぬきはかわいいね。だって、はねてるところがかわいい。たのしそうでよかったね。（結衣）

●たぬきにとっては、糸車がじょうずにできるようになるまでやってたんだから、よっぽどたのしいんだろうな。ぴょこんとはねていたりお

どっていたりして、かわいいな。おかみさんもやさしい心をもっていて、いいおかみさんだな。（祐樹）

まとめよみ（7時間目）

ねらい

▼一場面と四場面とを比較することで、本質は同じでも相手との関係によって受け止めが変わることをとらえさせる。

▼自分の生活の中で、自分の言動が同じでも相手との関係によって相手の意味づけが変わったことはないか振り返る。

まず、壁面に掲示している板書をもとに、一場面と四場面のたぬきの姿をふり返りました。すると「たぬきが変わった」という発言があり、たぬきが変わったのかということについて、考えていきます。

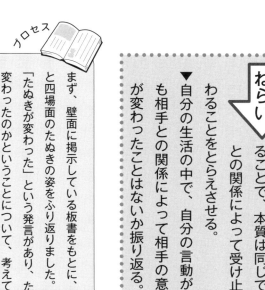

●たぬきが変わったのか

優梨子　とっても困るたぬきから、かわいいたぬきに変わった。

圭一　おかみさんのところで分かった。たぬきが変わった。

T1　たぬきが変わったということですか。

C　そうです。

圭一　たぬきが糸車を楽しそうにまわしてるから、かわいいたぬきだなっておかみさんが思うようになった。

結衣　とっても困るたぬきから、かわいいたぬきに変わった。

T2　おかみさんから見たたぬきの姿は、一場面と四場面では、変わっていますね。では、たぬき自身は変わっていますか。

圭一　かわった。いたずらだけどね、いたずらはもうね、しなくなったからね。

優梨子　いや、おもしろいと楽しいは、あんまり違くないかも。

T3　それは、どういうことかな?

祐樹　一場面のたぬきはおもしろそうだからいたずらをしてね、すごくおもしろいからまいばんのようにいたずらしてた。で、四場面のたぬきも、おもしろいから糸車をまわしてた。だから変わってない。

圭一　そうだった。

結衣　全然変わってない。

T4　皆さんのはじめの感想では、助けてもらったお礼をしたって書いた人がたくさんいましたね。たぬきは、はじめは悪いたぬきだったけれど、助けてもらったお礼にいいことをするようになったということではないのですか。

祐樹　たぬきはね、お礼がしたくて糸車をまわしてたんじゃなくてね、糸車をまわすのが楽

ポイント

おかみさんから見えるたぬきの姿と、たぬき自身の持つ性質とを、整理して考えることが大事です。

結衣　しくて回してた。いたずらも楽しいからやってて、糸車もたのしいからやってた。楽しいことが好きなたぬき。

●なぜ変わったように見えるのか

T5　では、たぬきは変わってないのに、おかみさんにとっては困ったたぬきになったり、かわいいたぬきになったり、変わって見えるのは、どうしてでしょう。

圭一　最初は、困ったんだ。自分たちでがんばって切ってきた木にいたずらされて、たぬきはたのしいんだけどおかみさんは困る。四場面はね、今度は糸車をまわすのが楽しい。糸車は困らない。

結衣　最初はいたずらでしょ。四場面は山のような糸のたばでしょ。いたずらしたらね、せっかくがんばって働いたものがだめになって本当に困っちゃう。でも、糸車の方だったらね、いやじゃない。糸をつむぐのは、仕事でしょ。だから、代わりに仕事をやってるのは、うれしい。

祐樹　一場面のたぬきは楽しいからいたずらをしてたんだけど、それはわなをしかけるくらい困ることになってね、四場面のたぬきは、糸車がおもしろくてやってるんだけど、おかみさんにとってはね、こまんない。

圭一　いたずらだったら、困るでしょ。でも、山のような糸のたばだったら、助かる。いいことをしている。

T6　いいことっていうのは、誰にとって？

圭一　おかみさんにとって。

T7　四場面で糸をつむぐのは、おかみさんにとっていいことだったんですね。では、いたずらは？

圭一　おかみさんにとって、困ること。

T8　たぬきは同じことをしていても、それが相手にとっては困ることになったり、いいことになったりするんですね。どちらも楽しいからやっていることなのに、おかみさんにとっては、いたずらは困って、糸の束はいいことでした。

●たぬきと自分たちとを重ね合わせる

T9　こういうことって、皆さんにもありませんか。たとえば、相手を困らせようとしていたわけではないのに怒られてしまったり、逆に、相手のためにしてあげたわけではないのに、ありがとうってお礼してもらったりしたことはありませんか。

ポイント

作品の世界を、現実と、そこに生きる自分たちにつなげて考えさせます。それを《典型をめざす読み》といいます。

圭一　圭一ね、おもしろそうだからお手伝いしたら、斎藤先生にありがとうって言われたよ。

結衣　あさひ（弟）に、「ちゃんと食べな」って教えてあげたら、お母さんに「人のこと言うな」って怒られちゃったの。ただ、こうしたらいいよっていう意味で言ったのに、怒られちゃった。

T10　言い方がちょっと厳しかったのかな。

結衣　ううん。やさしく食べなっていったのに怒られちゃった。あと、人が来たときにドア開けるのがおもしろいからいつもやってたら、斎藤先生が来たときにありがとうって言われた。

T11　結衣ちゃんはいっつもあけてくれるからね。先生はうれしいんですよ。

圭一　ボールを投げてね、遊ぼうって言ってボールを投げたんだけど、怒られちゃった。先生に。保育園の頃ね。理由はね、強く投げちゃった。取れなくて顔面にバコーンって当たっちゃって。

T12　圭一くんは元気がいいからね。でも、圭一くんは元気がいいからあいさつの声も大きくて先生はいいなあって思ってるんだよ。

優梨子　お家でね、お風呂掃除が大好きだから毎日やってるんだけど、お金十円もらった。

結衣　結衣もそういうのあるよ。

祐樹　部屋の電気の線が短かったからね、みんな使いやすいかなって思ってひも長くしたんだけどね、寝ながらでも消せるぐらい長くしたんだけど、取られちゃった。

T13　他の人には、通るときに邪魔だったりしたのかな。自分にとってはいいことと思っても、相手にとっては逆に困ったことになったりすることもあるんだね。

T14　自分がしたことが相手にとってどうなのかっていうことで変わりますね。たぬきとおかみさんの関係も同じですね。では、分かったこと思ったことを書いてください。

◎おわりの感想

●おもしろいことかんがえ、それがいたずらだったらこまる。おかみさんのしごとをしてたらやくにたつから、いっぱいしごとしたらいい。たたぬきがわるくなくなって、うれしいよ。たたかいしてあそんでたらコラーっていわれた。きをつけたい。（圭一）

●たぬきはおもしろいことしかやんないけど、しごとをしたおかげでおかみさんがふゆにたまってたしごとをたぬきにやってもらったみたい。おかみさんはうれしいしたぬきもうれしい。たぬきはおかみさんにかわいいっておもわれてる。じぶんも、おこられたときもある。でもほめられたときもある。だから、みんながやさしくなれるのがいいな。（優梨子）

●たぬきがやったことはおなじなのにわるいことだったりいいことだったりするなんてわかったときびっくりしたよ。おかみさんはたぬきがしごとやってくててうれしかったのかな。おたがいからたのしいかわいいっていっていることがいいなっておもった。たぬきはかわってないんだけどって、そういうことなんだ。すごいなってこと。ゆいもありがとうっていわれたほうがいいよ。（結衣）

●たぬきは、かわっていないのに、いたずらだったらおかみさんにとってはすごくこまるし、たぬきが糸車をまわしたからおかみさんにとってはおしごとみたいでたすかる。だからたぬきはたのしいからやっているだけなのにほめられたみたいで、ぼくもなにかをやってほめられたほうがいい。さっきかいたやつ（※典型化について）で、ほめられたやつはなかったけど、ほめられたほうがいいです。（祐樹）

ポイント

感想を見ると、一貫して好奇心旺盛なたぬきの行動が、おかみさんとの関係において、ある時にはいたずら、ある時には手助けという姿として感じられるということを、子どもたちなりに感じ取れたのではないかと思います。

まとめ（8時間目）

ねらい

▼各自《はじめの感想》と《おわりの感想》の比較をさせ、読みの広がりや深まりを確認する。また、学級全体で《おわりの感想》の発表・交流をする。

▼自図書室にある民話の本をいくつかを紹介し、民話の《つづけよみ》として読書生活への広がりをねらう。

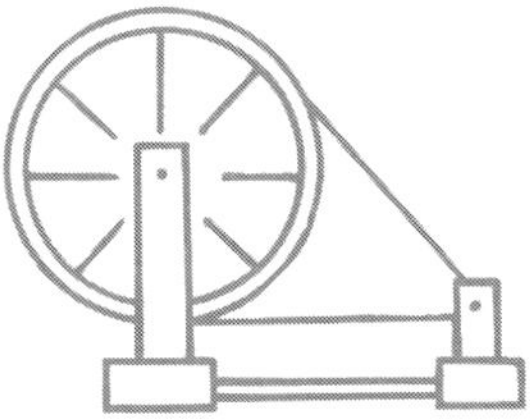

【著者】
斎藤鉄也（北海道文芸研・道東サークル）

【シリーズ編集委員】五十音順　＊は編集代表
上西信夫（千葉文芸研・松戸サークル）
曽根成子（千葉文芸研・松戸サークル）
辻　恵子（千葉文芸研・松戸サークル）
山中吾郎（千葉文芸研・大東文化大学）＊

文芸研の授業シリーズ ①
たぬきの糸車

2016年7月27日　初版1刷

著　者　斎藤鉄也
編　集　文芸教育研究協議会
発行者　伊集院郁夫
発行所　(株)新読書社
東京都文京区本郷5-30-20　〒113-0033
電話：03-3814-6791　FAX：03-3814-3097

デザイン・組版　追川恵子　　印刷　日本ハイコム(株)
ISBN978-4-7880-2110-5